为·师·授·业·丛·书

U0654692

# 为师篇：

# 教师终身修养

## 上

高峰 ◎ 编著

中国出版集团
现代出版社

图书在版编目(CIP)数据

教师终身修养. 为师篇(上) / 高峰编著. —北京：现代出版社，2014.3
ISBN 978-7-5143-2118-0

Ⅰ.①教⋯　Ⅱ.①高⋯　Ⅲ.①教师－修养　Ⅳ.①G451.6

中国版本图书馆 CIP 数据核字(2014)第 034206 号

| | |
|---|---|
| 作　　者 | 高　峰 |
| 责任编辑 | 王敬一 |
| 出版发行 | 现代出版社 |
| 通讯地址 | 北京市安定门外安华里 504 号 |
| 邮政编码 | 100011 |
| 电　　话 | 010－64267325 64245264(传真) |
| 网　　址 | www.1980xd.com |
| 电子邮箱 | xiandai@cnpitc.com.cn |
| 印　　刷 | 唐山富达印务有限公司 |
| 开　　本 | 710mm×1000mm　1/16 |
| 印　　张 | 16 |
| 版　　次 | 2014 年 4 月第 1 版　2023 年 5 月第 3 次印刷 |
| 书　　号 | ISBN 978-7-5143-2118-0 |
| 定　　价 | 76.00 元(上下册) |

# 目　录

## 第一章　高校教师的职业素养与特点

## 第二章　教师的师德建设

# 第三章　教师的修养

# 第四章　教师的职业素养

# 第一章　高校教师的职业素养与特点

## 第一节　当代教师应具备的基本素质

唐代文学家韩愈曾说过"古之学者必有师。师者，所以传道、授业、解惑也"。教师作为知识的传授者，在新的时期，不仅要传道、授业、解惑；而且还要实现转化，不断超越提升自己。教师一定要具有渊博的知识和扎实的专业基础，并在道德品质和学识学风等各个方面能以身作则，率先垂范。

课程改革对教师提出了新的要求，教师是学习能力的培养者，课堂教学的研究者，学校课程的开发者，信息技术的应用者。教师是人类灵魂的工程师，必须努力提高自己的思想素质和业务水平；热爱教育事业，教书育人，为人师表。关于这个问题国内外学者众说纷纭。

## 一、思想道德修养

德为师之本，师德高尚，教师才能在学生心目中树立起神圣形象。因此，教师必须严于律己，为人师表，用高度的责任心和工作热情，去真诚地热爱教育事业，热爱学生，对后进生学困生不能嫌弃，知识学不会要教会他们做人。在工作中倾注全部精力，真正做到干一行、专一行、精一行。

### （一）热爱本职工作

教育事业就是教书育人，它使人摆脱愚昧，走向文明，教人学会做人、学会生活、学会生存、学会学习。每一个投身于这一事业的人，都应该为之倾注毕生精力，都应像孔丘那样做到学而不厌、诲人不倦，像陶行知那样"捧着一颗心来，不带半根草去"。对教育事业要有较高的责任感，提倡终身从教的乐业精神，严谨执教的敬业精神，不甘落后的进取精神，不计得失的奉献精神。要正确认识教育事业对祖国人民未来的巨大作用。忠于人民的教育事业是教师做好教育工作的强大动力和精神支柱。

### （二）建立良好的师生关系

热爱学生是教师搞好教学工作的前提。热爱学生不仅是一种教育手段，更是教师高尚道德品质的表现。热爱学生要做到上课如父子课下如朋友。能使学生产生愉快的心理体验和幸福感。师爱也是学生人格健康发展的条件。师爱会影响到学生对世间情态、人情冷暖的感受与体验，他们会把这种积极的情感体验迁移到对他人的信任、尊敬和热爱上。相反，厌恶学生，使学生受到不公正的待遇，甚至遭到教师的谩骂、讽刺和打击，就会使他们过早地体验人生的残酷，人情的淡薄，就会滋长学生冷漠甚至畸形的心态，产生不健康的心理。现在受社会影响，学生不尊重教师的现象时有发生，教师更应该捧出爱心对其耐心教育。师爱可以换来学生的爱，师爱可以产生"亲其师、信其道"的效果。教师应以高尚的宽阔的胸怀，去热爱学生，去塑造学生的灵魂。

### （三）注重师范

"不能正其身，如正人何"？因此，教师必须严于律己，言行一致，举止文明，为人师表，使自己的一言一行都符合《中小学教师职业道德规范》的各项要求。教师要注重自己的言行，以自己的言行举止和气质性格，潜移默化地影响学生，做到身教重于言教。教师还应具有宽广坦荡的胸怀，良好的品格，严谨的作风，只有这样才能正人、正己。教师在教育教学过程中要高度自觉，进行严格的自我监控，保持情绪积极、稳定，以自己积极的情绪营造良好的教学心理氛围，不能把自己的消极情绪带给学生。

## 二、学高为师

今天，我们所面临的是一个"知识激增"的时代，科学技术不断发展、新知识不断涌现，教育改革日益深入，课程、教材也在不断地更新，这些都促使教师要勤于学习，孜孜以求，广泛涉猎，取其精华、去其糟粕，严谨治学，精益求精，从而不断提高自己的科学文化素质，这是一个教师搞好教育教学工作的基础。

### （一）要具有较高的思想觉悟

"学高为人师，身正为人范"。教师是社会主义精神文明的传播者，是学生健康成长的指导者和引路人，要为发展祖国的教育事业而奋斗。

### （二）要有精通的专业知识

教师为了完成好所承担的教学任务，必须精通该学科领域的专业知识。教师应通过不断地学习，掌握该学科的基本知识和基本技能，了解该学科最新的研究成果和研究发展动向，尽量使自己具有精深的专业知识，形成合理的知识结构，坚实的知识基础和扎实的教学基本功，真正成为历史文化的传播者。

### （三）广博的文化基础知识和教育科学知识

教师的专业知识应建立在广博的文化知识修养的基础上。教师必须具有广阔的知识视野、渊博的学识，方可居高临下，游刃有余。为此，作为一名教师，除了具备一定的专业知识外，还要有广泛的知识，做到文理渗透、中外渗透、古今渗透，取得最佳教育教学效果。

## 三、注重能力素养

一个教师的政治思想道德素养和科学文化素养都要通过能力素养来发展和实现，特别是教育教学能力的高低，决定着教师的政治思想素养和科学文化素养在教育教学过程中能否得到有效的发挥，所以，能力素养是衡量教师素质的关键。

### （一）了解学生的能力

教师只有了解学生，才能使教育工作有的放矢，取得预期的效果。

### （二）教育能力

教育能力是指教师在教育教学活动中，运用教育理论、德育理论、心理学知识等，对学生进行政治思想、道德品质教育的能力；教学能力则是指教师的教学基本功以及在教学论的指导下进行学科教学的能力。教育能力在教育工作方面教师要善于协调各种教育因素，形成统一的教育力量。

### （三）表达能力

教师的语言表达能力在教师的能力结构中占有特殊的地位。教师的语言表达能力除了语音准确、语汇丰富、表达连贯、语音机敏等一般特点之外，还必须体现教育教学工作的特殊要求。

### （四）科研能力

教师应该在完成教育任务的前提下，积极参加教改和教研活动，悉心研究、认真探讨诸如教学模式、教学方法、教学内容和学生学习等方面的各种问题，研究和总结教育经验，不断提高自己的教育科研能力。

## 四、调整好自己的心理状态

只有心理健康的教师，才能胜任教书育人的事业。教师的心理素质是培养学生成材的可靠保证，是在教师长期的教育实践中逐步培养和形成的。教师应具有广博的兴趣、热烈的情感和坚强的意志等心理素质。

### （一）爱好广泛

教师要有广泛的爱好。只有具备广泛而丰富的兴趣，才能熟悉学生的身心发展特点、掌握学生的个性特征；才能了解学生的学习情况、兴趣爱好、生活习惯等；才能研究、探索并掌握先进的教育教学方法。

### （二）坚定的决心

教师是学生学习的榜样。只有具备坚强的意志，不畏艰难险阻的决心，以自身的行为陶冶学生的情操；才能坚持不懈地去努力，去实现教育目标。这样，才能为学生树立一个意志坚强，勇于奋斗的榜样！我认为在教学实践中不断总结经验吸取教训，一定能使自己的事业更成功。

## 五、较强的现代信息技术整合能力

随着知识经济时代的到来，教育信息化进程的深入，要求教师在教育教学过程中，掌握和运用计算机、多媒体和网络通讯为基础的现代信息技术，整合其教育资源，进而促进教育教学改革，从而适应信息化社会提出的新要求。现代教师必须具备现代信息技术和资源的整合能力：一方面，要具有高效获取、批判性吸收、存储、创造性地使用现代信息技术资源的能力，更新自己的知识结构，以适应知识成倍增长和当前素质教育的需求；另一方面，要有其整合现代信息技术与课程改革的能力，逐步实现教学内容的呈现方式、学生学习方式，以及教学过程中，师生互动方式、教学信息反馈方式的变革，最大限度地提高课堂教学效率。

## 六、有自我评价能力

一个人能对自己做出实事求是的评价，才能形成正确的自我观念，做到自尊、自爱、自信、自强，从而保持一种乐观进取、积极向上的心态。自我评价过高，可能造成妄自尊大、目空一切；自我评价过低，又可能造成妄自菲薄、胆怯退缩。现代教育面临着激烈的挑战和竞争，只有具备良好的自我评价能力，才能正确对待得失、名利，科学地把握自己，做到胜不骄、败不馁，不断进取。

诚然，作为一名合格的教师，还要做到很多很多，如：胸襟宽阔、为人真诚、乐于助人、具有合作精神、敢于挑战自我等等。只要我们能坚持不懈认真地完善自我，用我们一腔爱生、敬业的热血，去做好教育工作，就会成为家长欢迎、学生满意的合格的人民教师。

## 第二节　高校教师的职业素养

"十年树木，百年树人"，一个人的社会贡献，立足于一个人的道德价值观和道德体系。教师是一个培养人才，塑造人才的职业，其道德思想会在工作中一点点渗透到被教育者的行为习惯上。因此教师要提高自身的道德水平，具有合格的教育道德理念，散发高尚的道德人文关怀。教育道德体系又分别由教学道德修养、科研道德修养、管理道德修养组成，三个方面相辅相成。这三个方面，又可以从认识人性、参与社会、批判现实这些方法来得到提高。

　　教育是一种社会行动。是人类对自然事物和社会事件进行有意的干预或者不干预。它的特征在于对于行动者具有一种含义、一种意义或者一个目标。但这种意义绝非只是可以直接观察到的，而需要通过对行动者的方式以及现有其他数据和材料进行分析才能发现。因此，教育必须是一种社会行动。这种社会行动会对被教育者产生极大的影响，所以，其道德体系，应该也有一种较为普及的、被社会所认可的遵循方式。社会是朝着前进的方向发展，那么这种道德体系的建立，也必须随着社会的前进而前进。而对于教育者来说，提高自身的终身道德素养，就必须是一项长期关注的要务。

　　百年大计，教育为本，教育大计，教师为本。清华大学前校长梅贻琦先生说过："大学者，非谓有大楼之谓，有大师之谓也"，所谓办大学既要建大楼，更要育大师，养大器。能否培育出一支素质好、水平高、实作风的师资队伍是关系到一所大学能否培育出优秀合格人才的关键问题。

## 一、教师的含义

　　教师，是一个古老的职业。在我国秦朝以前，以吏为师；汉代以后，以儒为师。唐朝韩愈说："师者，所以传道、授业、解惑也。"在近代，教育学辞典中，教师定义为"向受教育者传授人类积累的文化科学知识和进行思想品德教育，把他们培养成一定社会需要的人才和专业人员"。古往今来，教师有着诸多雅称，如：

师长：老师与长者。《周记·地官》："三日顺行，以事师长。"后用为教师尊称。

先生：按《礼记》注："先生，老人教育者。"《孟子》注："学士年长着，故谓之先生。"用作教师的尊称。

教授：宋以后学官名称，掌学校课试等事，现作高等学校教师职称。

讲师：古为讲解经籍的教师，今为高等学校教师职称。

助教：学官名，始于晋，协助博士教授学生，近代成为高等学校教师职称。

人梯：指那些为别人的成功而作出自我牺牲，无私奉献的人。

蜡烛：为他人照亮道路，让他人看见光明，燃尽自己照耀人间。(蜡炬成灰泪始干)

春蚕：赞誉老师"春蚕到死丝方尽"的无私奉献精神和"鞠躬尽瘁"的高尚品质。

慈母：师似父母，一日为师，终身为父。

园丁：管理花园的人员，指教师辛苦、勤劳。

灵魂工程师：塑造人类的灵魂，是教师的崇高使命。

老师：把"师"的地位与天、地、君、亲并称，并写在同一牌位供众人朝拜。

1993 年颁布的《教师法》第三条指出，教师是履行教育教学职责的专业人员，承担教书育人，培养社会主义事业建设者和接班人、提高民族素质的使命。教师应当忠诚于人民的教育事业。

从老师的含义中我们可以体会到老师是一个崇高的、神圣的、受人尊敬的群体，从事教育工作尽管非常辛苦，责任重大，但无尚光荣，令人向往，意义重大。进一步明确教师的真正含义，有利于增强大家的责任感、自豪感和使命感。

## 二、高校教师的责任与义务

《高教法》指出，高等教育的任务是培养具有创新精神和实践能力的高级专门人才，发展科技文化，促进社会主义现代化建设。高等学校的根本任务就是"育人"。教育部 16 号文《关于全面提高高等职业教育教学质量的若干意见》指出，高等职业院校要坚持育人为本，德育为先，把立德树人作为根本任务。要高度重视学生的职业道德教育和法制教育，重视培养学生的诚信品质、敬业精神和责任意识、遵纪守法意识，培养出高素质的技能性人才。要针对高等职业院校学生的特点，培养学生的社会适应性，教育学生树立终身学习理念，提高学习能力，学会交流沟通和团队协作，提高学生的实践能力、创造能力、就业能力和创业能力，总之，就是要培养德智体美全面发展的社会主义建设者和接班人。

《师说》第二句话即指出，教师的任务是"传道授业解惑"。韩愈用简短的一句话全面概括了教师的基本任务。这句话自此流传，并被后世广为认同。根据 16 号文件精神，我们认为，高校教师根本任务就是教书育人。教师必须忠诚党的教育事业，认真贯彻党的教育方针，严于律己，为人师表，全面完成自己的工作任务。同时应肩负起以下三个方面的主要责任：

一是岗位责任

教师岗位是专门承担理论教学、实践性教学，以及从事学生思想政治工作的岗位。

首先，教师必须树立忠于职守、献身教育的信念。干一行，爱一行。在改革开放的今天，在经济大潮的冲击下，作为一名合格的高校教师，决不能为金钱所动，为名利所惑，为地位所诱。忠于职守是一切职业的共同要求，甘于献身体现教师的崇高职业道德境界。教师只有忠心耿耿地把自己的全部心血和精力投入到教育工作中，才能有利于社会事业的发展。如果一个教师不能安心工作，懈怠或玩忽职守，就不可能把教书育人这项神圣工作做好，从而就会造成损害教育事业甚至整个社会的利益。

第二，教师必须热爱学生、诲人不倦。师生关系是否协调，直接关系到教育的效果。热爱学生，是教师在道德责任感的驱使下对学生发自内心的诚挚的亲密感情，它也是一种社会感情，教师只有把这种感情带到工作之中，才能更好地完成教书育人的任务。但是热爱学生并不是对学生溺爱、迁就和放纵，而是要从各方面严格要求学生，真正做到"严中有爱"，"严师能出高徒"。

第三，教师必须刻苦钻研业务，以身作则，为人师表。学高为师。教师肩负着为社会主义事业培养建设者和接班人的重任，这就要求教师必须具有从事本岗位工作的知识、技能和处理问题的能力。当今社会科学技术不断向前发展，知识更新非常迅速，教师必须刻苦钻研、勤奋学习，才能接受新思想，获得新知识，与时俱进，才能将最新、最准确的信息传授给学生。身正为范。在学生眼中，教师就是榜样，教师的思想行为，作风和品质无时无刻不在感染、熏陶和影响着学生，所以教师一定要以身作则，要求学生做到的自己要首先做到，要求学生不做的自己首先不做，只有言行一致，表里如一，才能成为学生的楷模。

二是社会责任

大学教师是社会发展的主导力量之一。作为知识传播者，大学教师自身拥有知识仅仅是其职业使命的阶段性实现。大学教师的社会责任在于把"自己所获得的知识，真正用于造福社会"，知识传授技能应成为每一位大学教师所必须掌握并日臻完善的技能，成为大学教师的一项基本的专业能力。

首先，大学教师要牢记自身的社会使命。通过促进科学进步，不断提高人类征服自然与改造自然的能力，引导人们在开发大自然宝藏的同时，丰富完善自己的物质生活，并引领人类迈入道德高尚的生活境界。为了达到这一目的，大学教师应在自己的学科专业领域尽己所能，以自己的探索活动完善学科专业，时刻牢记自己的知识探索活动与伟大而壮丽的人类事业联系在一起：自己的进步影响着人类发展的其他领域的进步，应该永远走在其他领域的前头，以便为人类的发展开辟道路。

其次，大学教师应注重实现个人与社会的"双重完善"。学者的社会使命在于优先地、充分地发展自身的社会才能、敏感性和传授技能，在于借助自己的知识探索活动为社会提供一个学者所能提供的最大化服务，从而实现"社会完善"这是老师们积累探索知识的最终价值体现。但"社会完善"的实现又直接建立在"个人完善"的基础上，即在实现该目的的过程中，通过努力，最终达到"个人与社会的双重完善"。

三是国家责任

教师还肩负着重要的国家使命，肩上的担子有千斤重。一头挑着学生的现在，一头挑着国家的未来，教师必须承担"责任"奉献"师爱"。所以，要成为合格的、优秀的人民教师，第一要义在于树立起教育报国、教育兴国、教育强国的意识、树立起为中华之崛起而教书育人的意识。一滴水只有放进大海才具有永久的生命力，一名教师也必须将自己从事的职业置于整个国家的建设事业之中。航天英雄（杨利伟）首飞成功举世瞩目，人民教师育人成材万众敬仰，二者的立足点都是国家的发展、只是分工不同罢了。当有了教育报国、教育强国意识之后，我们就有了强大的推动力去从事我们所做的平凡甚至是枯燥而琐碎的工作。

大学教师在大学中担负着培养青年学生的主要角色，在给学生传授知识的同时，还肩负着培养青年学子理想信念和民族忧患意识与责任意识的重任，这一点，我们教师一定要明确。

第一，教师自身首先要增强国家和民族的忧患意识。不能忘记我们中华民族几千年以来特别是1840年以来内忧外患、饱经风雨、经受了无数的屈辱和磨难的沧桑史，新中国成立后，虽然战争的硝烟已远离我们了，但我们国家目前仍面临着巨大的隐性民族生存压力与挑战，如由于经济发展上的不平衡所导致的"经济侵略"，高科技差距所造成的民族生存高压态势，能源安全，霸权主义，恐怖主义的威胁，反华势力的干扰等等，这些问题不论你是否察觉但都是客观存在的，这些危机已成为中华民族屹立世界民族之林的严重障碍。所以，我们高校教师一定要保持头脑清醒，要有忧患意识，并使之转化为中华民族复兴的强大动力。

第二，国家兴亡，匹夫有责。在给青年学子传授知识的同时，还要强化大学生的国家责任意识，引导他们在时代和社会的发展进步中汲取营养，不断改革和创新，始终保持艰苦奋斗的作风和昂扬向上的精神状态，使责任意识转化成为学习知识和成长成才的强大动力，通过大学的学习和培养，将来能主动担负实现中华民族伟大复兴的重任。

## 第三节　高校教师的职业特点

### 一、高校教师的职业特点

#### （一）高校教师的职业特点具有高层次性

任何人都有需要和动机，高校教师作为高等专业技术人员，其需要与动机具有高层次性。这种高层次性，决定了其在社会中产生的较大影响。中国是一个历史悠久的文明古国，尊师重道是中国人的优良传统，在当今社会，这样的认同有所降低，但是不可否认的是，主流的意识还是非常认可对知识的追求以及对知识的教授者持有尊重的态度。这样的社会环境，也是说明高校教师所具有的社会地位相对较高。那么，对于高校教师者本身来说，培养自身高层次的需要与动机也应该是一种自然而然的要求。

1. 悠久历史与长期发展决定了教师职业的高层次性

教师是人类社会最为古老的职业之一，早在人类社会初期，教育活动已经产生。随着生产力的发展，脑力劳动与体力劳动逐渐分离，教育开始成为一种独立的活动，并在奴隶社会初期，成立了专门的教育机构——学校。工业革命兴起之后，资本主义的迅速发展对劳动者素质的要求越来越高，而伴随普及义务教育在主要资本主义国家的实施，基础教育师资出现极大缺口，社会需要大量同时具备丰富的科学文化知识以及教育工作技能的教师。到18世纪末，师范教育在资本主义国家已经普遍发展起来。进入20世纪，世界主要发达国家基础教育普及工作已经基本完成。中国教育的历史由来已久，长期的封建社会统治已经形成了一套完整的教育体制。到了近现代以来，教育的普及工作更是快速发展。在历史的长河中，我们已经形成了"学而优则仕"的观念。学习的能力以及科举考试的选拔，使得较为优秀的人才从考试中脱颖而出。即使到近现代，高考等各项全国性的考试，也一直是选拔人才的标准。许多人才也是经过高考的选拔，才具有高校的入学资格。因此，长期的教育发展，决定了教师职业的高层次性。

2. 社会影响范围广泛决定了高校教师职业的高层次性

教师在各项职业中，基本上属于社会影响较为广泛的一项职业。以前聚焦的许多社会焦点，往往是大学教授的头衔吸引人的眼球。这说明高校教师这项职业，在人们心目中属于道德标杆的职业。一旦有不符合人们心目中道德标准的事情在这一群职业中发生，社会就容易掀起轩然大波。这也从另外一个方面，证明了高校教师是属于一个高层次的职业。

3. 高层次的受教育者与教育者决定了职业的高层次性

能够接受高校教育的受教育者，都是经过层层选拔的人才。与之相适应，高校教师的从业人员，也是各门类的优秀毕业生。在教育教学活动中，教育者与被教育者担当相对应的两种角色。这两种对应角色担当者的高层次，也决定了高校教师职业的高层次性。

### （二）高校教师职业特点具有多重角色性

1. 角色一：教学者

教师的首要工作要务是教学，上课、教课是一名教师的天职。作为教师，首要的角色就是一名教育者。

2. 角色二：科研者

常常听人说，要给别人舀出一瓢水，自己要有一桶水。教学者如果没有自身的知识储备，就会在讲课时捉襟见肘。那么，高校教师要丰富知识储备，在专业之内有自己独到的看法，必须要积极进行科研工作。因此，教师的第二角色是科研者。

3. 角色三：管理者

在教学过程中，对于班级的学生，不论是课中还是课后，都需要进行一定的管理，如若不然，教学过程中一盘散沙的话，教育的引导作用难以实现。鉴于此，高校教师的第三角色是一名管理者。

### （三）高校教师职业特点具有独立性和创造性

知识作为传达思想的载体，根据各种层次的不同，有着不同的特征。基础知识，例如：简单运算、基础识字等，就有着普及性的特点。社会上绝大多数人都能够拥有资源和掌握运用的能力。比基础知识层次高一些的就是义务教育的大体内容，可以被称作常备知识，这种知识对于工作和进一步学习有着最基础的支撑作用。再往上的层次就是高等教育知识，这一部分知识具有一定的专业倾向，学习内容和学习方法围绕某一专业进行。高等教育知识之后，就是科研知识。科学研究是根据研究内容和研究目的所进行的活动。由于从事的人数相对较少，需要的知识储备相对较多，从事的内容非常专业，科研知识不可避免带有或多或少的个人倾向。

高校教师所教授的知识属于高等教育知识，在辅助教学的科研过程中，也需要具备相当的科研知识。因此，高校教师的教学内容和自身提高的学习内容，不可避免地带有一定的个人特色，具有独立性的特点。在独立性的特点基础之上，科学研究本身就是一项以创新为目的的活动，那么，高校教师的工作也一定是具有创新特点的工作。因此，高校教师的职业具有独立性和创造性的具体特征。

## 二、高校教师三重职业角色的相互关系

高校教师的三重职业角色，是融为一体，不可分割的。作为一名教育者，同时也是一名研究者，要把握好教学与科研的平衡。同时，不论是教学还是科研，管理始终贯穿其中。教学管理和科研管理都需要一定的技巧。每个人的管理方法各不相同，但是管理的目的，都是以服务教学，服务科研为中心。只有搞好教学，科研才有意义；只有搞好科研，教学才有内容；只有搞好管理，教学和科研才能够顺利进行。

## 三、高校教师的道德素养

### （一）教学道德修养

教学道德贯穿于学校整个教育教学活动之中，具有几个显著的特点：第一，教学道德是教师从事教学活动的行为规范。只有遵守了这些行为规范，才能保证教学道德的推行和教学效果的提高。第二，教学道德是一种场合道德。这是指在学校这个特定的

场所，特定空间中形成的道德，是教师为了履行自己教书育人责任而必须遵守的道德规范体系，主要是指课堂教学中应该遵守的道德规范。第三，教学道德是教师职业道德的核心内容。教好书是高校教师义不容辞的责任，衡量一个教师的得失也应该主要体现在他的教学质量上。尽管教师的职业道德规范包含多个方面的内容，但教学道德必然是其核心内容。

要当好一名大学教师，首先要具有高尚的道德情操，志存高远，富有爱心。陶行知说："捧着一颗心来，不带半根草去。"真正的好教师爱生如子，一想到学生，责任感就自然升腾。无论面对什么样的学生，包括学习好的、学习不好的、顽皮的、犯过错误的，他都能看出学生各自的优点、长处、潜在的能力与发展前景。好教师是学生集体的核心，具有亲和力、影响力、带动力。

要为人师表，就必须首先端正自己，加强自身修养。中华民族优良的教育传统认为，修身的主要方法是端正思想。心正才能身正，心修才能身修。所以人的修养主要是修心，即加强内在的修养。如果做教师者常常不满足所得到的利益，终日忿忿然，那么其所思所想就容易偏激，就不能公平正确地看待周围的一切。如果身为教师贪图安逸玩乐，放肆无节制，看问题就会背离常理，处事就会违反常理，对学生将会产生不良影响。所以做教师者，其行为举止之先，必须解决端正思想的问题，应时时内省自律，慎言敏行，诚信不欺。孔子说："五日三省吾身"；"其身正，不令而行；其身不正，虽令不从。"不能正己，焉能正人？教师是学生和人民的直接榜样。一言一行直接影响着学生。

同时，教师还要重义轻利。"临难勿苟免，临财勿苟得"（遇到危难，不要总是想怎么去逃脱它；看到钱财，不要总是想怎么去占有它），要注重名节，不要见利忘义。孟子说："富贵不能淫，贫贱不能移，威武不能屈。"做教师者，就应该在富贵面前保持清醒的头脑，不为其所惑，要节制自己，不能丧志忘义。在生活中有一定困难时，也不要为非分之利所扰，而要坚持自己的道义信念。即使在强暴威胁下，也不能与邪恶同流合污，要身透正气，给学生以正气的感染。教师的一切作为都应是为道义，为了学生，而绝不应为个人的名利。

总之，教师必须具备高尚的职业道德。缺乏职业道德的教师，就是不具备正确灵魂的教师；而缺乏正确灵魂的教师，其职业道德和能力则无从谈起。

## （二）科研道德修养

对于人类的生存和发展来说，科学研究的后果具有正负两方面的效应，它既可以造福人类，也可以祸害人类。科学研究本质上具有伦理道德的属性。国内外现代化进程的历史经验告诉我们，科学的发展一旦丧失了伦理的规范和伦理价值的导引，就会偏离人们的主观愿望，进而最终损害人类的根本利益。无论是从研究手段还是从研究目的来看，科学家的行为都和其他人的行为一样，时刻处在社会各阶层的关注之下，受制于社会的普遍伦理道德规范和标准。

高校的教学内容常常处于本专业知识的最前沿，掌握广博的专业知识，具备较高的专业水平，是高校教师从事教育教学工作的基础，是走进教室的前提。俗话说，自己有一桶水，才能教给学生一瓶水，没有广博的文化知识和对专业的深入了解，就无道可以传给学生，也不可能"授业、解惑"。

当代教育家苏霍姆林斯基指出："教师所知道的东西，就应当比他在课堂上要讲的东西多十倍，多二十倍，以便能够灵活地掌握教材，到了课堂上，才能从大量的事实中挑选出最重要的来讲。"教书是教师的天职，知识和学问是教师履行教书职责的看家本领。因而教师必须具有广博的专业知识。

教师的博学，首先，表现为精通专业理论，具有完成本学科教学任务的知识储备，要在现代科学技术日新月异、突飞猛进的今天，精通本学科及相关学科领域的知识理论，前沿动态及发展方向，并据此更新和改革教学内容，不断改进教学手段，与时俱进，改善教学效果。

其次，要具备起码的社会科学和人文知识，懂得教育教学规律。

再则，要广泛涉猎社会科学、自然科学和思维科学的相关知识，尽量拓宽知识面，努力使自己成为通才，要有文化素养，文化素养主要指教师的受教育水平，生活阅历、知识面的广度与深度，交叉学科的综合运用能力等。

总之，要厚积薄发，处理好"一桶水"与"一瓶水"的关系，要使自己的教育对象在大学里打下牢固的知识基础，教师必须有过硬的专业知识，否则是难以完成"教书育人"的重任，扎实的专业知识是教师职业的基础，必须夯实。

### （三）高超的教学艺术

教师不仅要有扎实的专业知识，还要善于传播知识。教师的教学艺术和风格，对于教师的教学和学生的学习都会产生重要的影响。一个教师如果掌握了精湛的教学艺术，形成鲜明的教学风格，会使课堂教学成为一种艺术形式的表现，给人赏心悦目的感受，会使学生在愉快和享受中既受到情感的熏陶，又学到坚实的知识，激发探索未知世界的强烈欲望。我们评价一节好课或说这个教师的课上得"漂亮"，在相当的程度上是在肯定该老师的教学艺术和风格。对于广大教师特别是青年教师而言，研究和掌握教学艺术，逐步形成个人的教学风格，这是对教学基本功更高层次的要求，但并不是可望不可及的，关键要清楚教学艺术和教学风格所包含的要素，加上刻苦勤奋，使自己成为教学艺术家是完全可能的。这就需要了解教学规律并掌握专业教学方法和传播知识的本领，不断提高教学质量与教学水平。教师必须了解并掌握教育学、心理学的理论和方法，并将这些理论和方法灵活运用到日常教学工作中，不断改革，不断创新，并使学生通过学习既能获得知识，又能掌握获取知识的手段和方法。教师授课过程中应注意科学性、思想性与艺术性相统一；职业性、适应性与开放性相结合、理论性与实践性相结合、直观性与抽象性相结合、主动性与启发性相结合等原则。

一般地说，青年教师要掌握教学艺术，形成个人的教学风格，必须在实践中刻苦磨练，形成以下六种教学能力，即教材分析能力、教学设计能力、语言表述能力、教学组织能力、信息分析能力、命题组卷能力等。这些能力要素是教师的基本功，也是教学艺术的重要基础。教师教学水平的优劣，其根源必然体现在教学能力要素的差别上。

在知识的传授中，首先，娴熟的语言表达能力，也是必需的。语言是传授知识的主要途径，准确鲜明，形象生动、逻辑严密、赋予节奏感、具有趣味性以吸引和感染学生。其次，还应有一定的组织管理才能，在课堂上要调动全班学生的思考问题的积极性，有时还要处理课堂上出现的突发事件，这都需要相应的组织管理能力完成教学任务。最后，随着知识经济的到来，网络信息技术的普及，计算机在辅助教学中的应用日趋广泛，教师应有一定的多媒体操作技术，编写制作教学课件的能力，以适应新形势新环境下的教学要求。

### （四）超前的创新意识

创新是大学教师的必备素质、不可或缺的重要内容，在当前日益更新的知识经济时代更是如此。高职院校教育教学的最大特点就是要在原有理论的基础上有所突破、有所提高，这就是创新。如果没有创新，就没有发展，就没有进步。我们的教师应保持对信息获取的欲望与需求，工作中要不囿于传统习惯和模式，要敢于质疑，勇于突破，善于超越，提升自己的创造力。

一是观念要创新。我国教育长期以来一直以教师、书本、课堂为中心，注重知识的传授，轻视学生能力的培养和个性发展，学生不是真正的学习主体。教育需要解放思想，更新观念，教师必须树立新型教育观、人才观、质量观、价值观。

二是知识要创新。教师不断更新知识，不断丰富自己，跟上时代发展的步伐。否则，作为教育者本身可能成为现代社会发展的新文盲。一个没有创新精神的教师是很难培养出具有创新精神和实践能力的学生的，因此，创新意识决不只是科学家的专利，他应是教师的基本素质，也是教师培养未来科学家的基本特征。

三是方法要创新。近年来，教学方法创新如雨后春笋，层出不穷，大大地推动了教学改革，取得了一定成绩。教学方法创新在于有模式而不唯模式，要结合学生实际，找准学生获取知识的切入点，用良好的方法将知识传授给学生，使学生不仅学会，而且会学。如：我院引进了德国先进的行动导向教学理念，取得了良好效果。

四是管理要创新。教师的创新意识还表现在管理上，首先，教师要树立管理育人的意识，通过规范管理使学生养成良好的学习、生活、思维习惯，而不能把管理看成是整学生、压制学生。其次，加强管理的民主性，就是要让每一位学生都有机会参与管理，要给每一位学生充分表现自己的机会。再则，身教重于言教，教师在管理上需要学生做到的，自己必须先做到。教师的举止言行，仪表服饰、神态气质乃至行为习惯，都会潜移默化地传导给学生。所以，要管好学生，教师必须严于律己，率先垂范，从而带动学生养成良好的行为习惯。最后是情感管理，要融管理与情感之中，做到言、行、情融为一体。教师要努力营造和谐团结的情感环境，构建新型师生关系，"亲其师，信其道"。教师要相信学生，亲近学生，设法使自己成为学生中的一员，赢得学生的信任，教师要以情感动学生，以爱学生为出发点，把微笑洒向学生，洒向课堂，并以此为纽带，架起师生心心相印的桥梁，达到"随风潜入夜，润物细无声"、"不令则行"、"春风化雨"之目的。

时代在发展，科学在进步，先进的科技对人的知识水平无论从深度、广度上都提出了新要求，科学本身就是创新，作为培养科技管理人才的大学教师更应具备创新意识，这是时代赋予教师光荣的使命。

### （五）强烈的敬业精神

"敬业精神"是专心致志、以事其业的意思。即是对某种事业的理想、信念和追求，并且在理想、言论和行动上专心致力于自己的理想，达到事业有成的境界。大学教师树立敬业精神主要应依靠教师自身努力。

一是要立志从教，爱岗敬业。立志是爱岗敬业的前提，敬业是理智的岗位表现。只有立志才能爱岗敬业，爱岗敬业才能实现立志。在当前市场经济的大氛围中，价值观和利益观多元化的社会环境下，教师选择从事培养人的社会活动，这是利国利民的崇高事业。教师既然立志从教，就应爱岗敬业，无悔于自己的职业选择，把育人事业作为自己的理想追求，把国家的利益、社会的利益和人民的利益放在首位，把自己的个人价值观定位在"桃李满天下"和让学生成才上。

二是要专心致志，以事其业。教师既然立志从教，就必须爱岗敬业，专心致志，把精力集中在受教育者的培养上。

第一，在高等学校职能不断扩大的情况下，要自觉坚持以育人为本，把育人、科研和社会服务等职能统一和结合起来。

第二，要不断更新教育观念，全面贯彻教育方针，不仅传授知识，培养能力，而且关心和促进学生德、智、体、美全面发展。

第三，根据社会需求和科学文化发展的新趋势，自觉进行教育教学改革，更新课程结构和教学内容，以学生创造精神和创造力的培养为核心。

第四，要以"学高为师，身正为范"来严格要求自己，言传身教、教学相长、为人师表，使自己成为受学生尊重、社会知名的学者专家。

三是要矢志不移，默默奉献。在改革开放和现代化建设的伟大时代，教师立志从教有种种机遇和有利条件，也有种种困难和矛盾。教师要矢志不移，需要坚定的信念和坚强的意志，需要宽阔的胸怀和良好的心理素质。为此，一是在各种价值观冲击和利益机制驱动面前，要增强立志从教的坚定性，淡化名利，抵制拜金主义，个人主义和享乐主义等腐朽思想的侵蚀。二是，面对由于某些制度不完善和政策欠公正等引发的矛盾和困惑，要增强适应性，不断提高自己的识别、分析和抗干扰的能力，一方面通过多种渠道反映实际情况，用法律手段保护自己的合法权益；另一方面要以主人翁的姿态，善于从国家全局和长远眼光出发正确对待，调整自己的思想情绪和心理状态，"人无远虑，必有近忧"。三是不管身处顺境还是逆境，都要勤业、乐业，提高自己的素质，适应育人的需要，攀登科学文化的新高峰。四是面对人与人之间的网络关系，要坚持创新精神和合作精神的统一。既要形成自己独特的教学和学术风格和水平，又要学习他人的长处，善于与人合作，努力构建和谐的人际关系。

### （六）务实的工作作风

学校教师队伍有没有务实的工作作风，是事关学校能否办好的重要原因。好的工作作风能促进大家勤奋努力地学习、扎扎实实地工作、艰苦朴素地行事、清正廉洁地用权、情趣健康地生活。所谓好的工作作风就是真抓实干、雷厉风行，"讲真的、干实的、来快的"，体现在工作上就是"快、严、实"。"三分决策，七分执行"，"空谈误国、实干兴邦"。各项工作不仅是说在嘴上，写在纸上，更重要的是要落实在行动上。要树立"能快不快是失败、能超不超是失责"的理念，该今天完成的工作决不推到明天，该今年做好的事情决不拖到明年，一天也不能荒废，一刻也不能懈怠。要努力克服简单、急躁情绪，抛弃私心杂念，增强将工作抓细、抓实、抓具体的精神，把主要精力放在教书育人上。在攻坚克难上下功夫，在管理创新上下功夫，在狠抓落实上下功夫，一步一个脚印把工作推向前进。好的工作作风就是要脚踏实地干事，一切以服务学生，服务人民，服务社会为出发点，不计较个人得失，克服华而不实，飘浮虚荣的工作作风，做老实人、办老实事；对工作勤勤恳恳，求真务实，真抓实干。我们要对照以下标准衡量我们的工作作风：（一）在政治思想方面是否做到立场坚定、服从大局、忠于党和人民的教育事业，有无组织观念淡薄、师德败坏、损害群众利益的行为；（二）在职业道德方面是否能做到爱岗敬业、恪尽职守教书、全心全意育人，有无得过且过、敷衍塞责、误人子弟的现象；（三）在教育教学方面是否做到理解、尊重、信任和关爱每一位学生，有无侮辱学生人格、体罚和变相体罚学生的行为；（四）在工作态度上是否做到积极进取、开拓创新，有无迟到早退、备课简单、上课马虎、违反校纪校规的现象。

### （七）浓厚的慈心爱意

最能体现教师职业品质的就是仁爱、宽厚，包容、施大爱于学生。爱心是教师全部工作和职业生涯的源泉与起点。热爱学生是教师的职业要求。一个对学生缺乏爱心的人要想成为一名称职合格的教师是不可能的。师爱既不是血缘姻亲之间的"亲爱"，也不是至交故旧之间的"友爱"，更不同于舐犊式的"溺爱"，它是人世间最圣洁无私，最无世俗杂念的如同海阔天空般的大爱，在教育教学过程中，师爱是教师与学生之间最自然，最纯洁，最有力量的沟通连接点，是实现教育目的的思想与情感保障。我们每一个教师都要明白：没有师爱就没有教育，"谁言寸草心，报得三春晖"。

在工作中我们要怀着一颗慈母般的至善高尚之心去关心爱护每一个学生，尤其是对那些在思想品德，行为习惯上有缺失的学生，更要施以博大深厚的爱，促其转化上进，优化教育效果，实现教育目的。

随着社会的不断发展，独生子女居多，优越的生活环境使孩子们的优越感较强，形成了以自我为中心的心理。个性强，养成了部分大学生特有的逆反心理。我们就要凭着一颗爱心来做好他们的教育工作。要想教育好学生首先要爱学生，需要教师尊重学生的人格、兴趣、爱好，了解学生的习惯，而后对症下药。用我们的真诚去关心和爱护学生，不仅在思想上、学习上、生活上给予关心。更主要体现在行动上，做到像真诚的朋友一样，重视学生，赏识学生，学会倾听学生意见，接纳他们的感受，包容他们的缺点，分享他们的喜悦，发现他们的闪光点，并及时给予鼓励。"忧学生之忧而忧，乐学生之乐而乐"。

## （八）良好的个人形象

教师的个人形象包括：仪表美和内心美两个方面。南开学校校门正厅镜屏上方挂有一幅这样的格言警语："面必净，发必理，衣必整，钮必结，头容整，肩容宽，背容直，气像勿傲勿怠，颜色宜和宜静宜庄"。敬爱的周恩来总理正是用母校的格言警语规范自己的言行，以无与伦比的人格魅力在取得事业巨大成功的同时，也给世人树立了风度和仪表的典范与楷模。教师的职业特点决定了其仪表仪态方面的极端重要性。一个好的教师就是学生心目中的一座丰碑，他不仅要有精深的学识，博大的师爱，独特的教育法，同时还要有符合职业要求的仪表仪态。只有把端庄的外貌，得体的衣着，文明的语言，高尚的情怀，儒雅的风度融为一体，才能使学生时时从自己身上感受到一种美的召唤，雅的熏陶，在潜移默化中自觉地成为具有高尚道德情操的现代文明人，从而使自己的教育教学不断向完美的境界迈进。

仪表是会说话的，不管是刻意装扮还是漫不经心，从中都可以看出一个人的经济水平、受教育程度、家庭教养、职业、社会地位、生活经历、道德观念甚至宗教信仰和政治信仰。教师应以良好的形象展现在世人面前，风度儒雅，气质不俗。着装款式简洁大方，色彩雅致；化妆自然清新，整体形象庄重合体，富有品味，使学生肃然起敬，心向往之，给其以美的启迪和享受。切忌形象不整，胡子拉碴，蓬头垢面，不修边幅，更忌热衷于时尚，胡里花哨。教师的仪表整洁得体，端庄大方、雅而不俗。要学会从职业中树品味，得体中扮漂亮。

在心灵方面，就是要树立正确的人生观和价值观，具有高尚的情操，为人正派，淡泊名利，乐于奉献，远离社会各种丑恶现象，真正做一个脱离了低级趣味、品德高尚的人。

### （九）敏锐的世界眼光

当代教育工作者，必须具有世界眼光。眼光有多远，思路就有多远，我们就能走多远。如果教育工作者没有世界眼光，要想培育新世纪的英才，是不可能的。何为世界眼光？在教书育人时把自己的标准放到世界范围来衡量，把教育理念放到世界的"棋盘"中去比较，就是要用世界的眼光培养学生，达到世界教育水平。"世界眼光"是"火眼金睛"，具有常人所未有的穿透力。在信息共享的网络时代，如果还在搞封闭教育，就会捆住手脚，学院就很难发展，只有树立世界眼光，路子才会越走越宽广。

要做有世界眼光的教育工作者，首先要学习外语。罗素曾经在《西方的智慧》一书中这样来定位外语的，说在当今和未来的时代，要想在某个领域获得相当的造诣，没有掌握好一两门以上的外语几乎是不可能的。外语首先是一个交流学习的工具。你掌握了一门外语，也就多了一个交流学习的工具。我们国人要想提升，想更好的创造，必须了解国外，懂得外语就能原汁原味通读国外原版书籍，直接学习国外先进的文化和理念，引进各国的文明成果。另外，还要注意以下几个方面：首先是要了解世界各国的社会动态，把握世界教育发展的脉搏；其次是坚持学习教育专著，包括国外名家的作品；再次是在学习和实践中形成自己的教育理念，并能坚决地运用到工作中去。用世界眼光从事教育，把最先进的知识和人类的共同文明传授给学生，培养出能在世界舞台上施展才华的合格人才。

## （十）健康而强壮的体魄

教书育人是一项十分繁重的工作，高校教师承担着繁重的教学和科研任务，要求每一个教职工都应有一个强壮的体魄。但是由于来自于生活、学习、工作及家庭的各种因素的影响，如果平时不能合理地安排好工作与生活、加强健康投资和增加体育锻炼，就会使精神高度紧张，打破正常人体生物钟的规律，使身体处于亚健康状态，甚至酿成大病。有关教师健康状况的调查数据显示，近20%的高校教师处于各种疾病状态，约70%的高校教师处于亚健康状态。只有近10%是健康状态。在这种形势下，教师的职业健康与安全情况已经不得不引起我们的关注。

因此，注意健康投资，从日常生活做起，科学合理的安排饮食、工作和休息，并适当地进行体育活动。选择适宜的运动项目是非常重要的，学校的环境相对较好，锻炼的场地很多，大家可以利用休息时间多运动，多锻炼，练就一副强壮的体魄，去应对繁重的教书育人工作，让自己的生命之树常青，谱写出一曲曲永载史册的育人新篇章。

## 第四节　高校教师教育道德修养

### 一、认识人性，以人为本，提高个人修养

修养从本质上来说，属于人的精神层次提升的问题，认识人性是从精神上进行修养的活动，认识人性可以帮助修养者思考人生，以确立人生目的，端正人生态度，增强道德修养的勇气。

## 二、参与社会，奉献大众，服务人民

高校教师的职业道德修养不是在冥思苦想中进行的，而是在参加各种社会活动和教育教学实践中形成的。道德是一种实践精神，不是单纯的，也不是脱离生活、脱离实际的，更不是空洞乏味的说教。高尚的教师职业道德修养是在长期的教育实践中锤炼而成的，只有经过较长的教育实践，教师本人在自身的教育实践中亲身体会到了教师工作的酸甜苦辣，认识了教师工作的重要意义和价值，才是自己的理念、境界逐渐得以升华。用以服务社会，奉献大众。

## 三、批判现实，道德反思，指导创新未来

批判是对于是非的判断，也是对被认为是错误的思想或言行的批驳与否定。它是一个多向度的观察评价。面对当前高校教师职业道德严重失范的现象，理应将关注焦点集中到对教师职业道德素养具有直接冲击性的因素上，运用批判性思维，针对性地认识和完善高校教师职业道德修养的问题。

## 四、服务学生、服务大众、服务社会

讲师德，说修养，既要对整体进行规范，又都离不开个人这

个实体。可以说，这个看似简单的问题，是师德修养的第一个基本点。人之所以成为"人"，其本质在于他的社会性，是人与人之间的交往及由交往所形成的关系。处理好个人与社会的关系的基本原则就是承认群体利益大于个人利益。

承认群体利益大于个人利益，就是从自身出发，在工作中贯穿服务的理念。高校教师面对学生、面对大众、面对社会，如果有一种服务精神，享受服务的乐趣，那么就能够解决工作中的许多问题。

高校教师作为教师行业中的一部分，他们以其热忱的工作态度投入教育事业，以他们渊博的科学文化知识为国家输送一批又一批的高素质人才，以点带面，高校教师所承接的又是广大中小学教师的心血，所以教师这个称号是光荣的，而这"光荣"二字正是来源于自己作为教师的使命和高尚的人格素养。"教师是太阳底下最光辉的职业"，而且作为高校教师，应该以高标准严格要求自己。作为服务社会的公民，应当提高道德修养，努力提升个人境界。作为修养道德的修养人，也应该顺应自然，顺应社会的发展。提高道德修养的目的不是简单空洞的说教，而是切实融入集体和社会，其最终目的还是以人为本，服务大众。

# 第二章　教师的师德建设

## 第一节　新时期的师德修养

不同时代有不同的道德观，不同职业有不同的道德内涵，但无论哪个时代，也无论何种职业，道德观念必有其共通的地方。教师作为社会的一分子，其师德内涵必然融汇于整个社会公德之中；而教师的特殊职业与地位，则决定着师德必然对整个社会公德产生极大影响。教师的师德决定了教师的素质，教师的素质又决定了教育的质量，因而师德建设是教师队伍建设的核心。作为一名教师，只有不断地提升自身的师德修养，才能做到与时俱进，适应新时期发展的需要，完成教书育人的重任。

那么，提升教师自身师德修养的重要一点是什么呢？就是要富有一颗爱心。教师的人生就应该是一部爱的经典，爱教育，爱学校，爱岗位，爱学生，只有倾注了全部的爱，师德修养才能在爱的奉献中得到提升，才能真正做到为人师表、教书育人。

教育关系到国家的前途和民族的命运，既然选择了教师作为终身的职业，就应当充分认识到肩负着祖国的未来和民族的希望，肩负着振兴中华的重任；就意味着选择了奉献，就应当有一种奉献教育事业的爱岗敬业精神。

《新时期师德修养》指出，爱岗敬业精神是师德的核心内容。高尚的师德来自于坚定的教育信念，这种信念是教师的精神追求和奋斗目标，具体体现在对教育事业具有高度的责任感和强烈的事业心，在工作中能够以身作则、严谨治学、乐于奉献、为人师表。一个不热爱教育事业的教师，绝不会做到爱岗敬业；一个仅仅将教书看成是一种谋生手段的教师，绝不会成为一名好教师，更谈不上有高尚的师德。

诚然，教师的职业是平凡的，教师的生活也是清苦的，但是只要有着对教育事业深深的热爱，认识到自己所从事的事业对民族和未来是一种不可推卸的责任，就会以教书育人为崇高的职责，并从中享受到人生的乐趣。就会在平凡的教学工作中勤奋求实，兢兢业业，不断提高自身素质，完善自我，在实践中实现自身的价值，实现人格的升华，具有高尚的师德修养，从而适应时代的要求，完成教书育人的重任。

热爱学生是教师的美德，是教育教学的前提。书中说：爱是教育的基础，没有爱就没有教育。热爱学生就是要尊重学生，爱护学生，信任学生。只有尊重学生，爱护学生，信任学生，才能建立一种平等、和谐的师生关系，教育才富有实效，才能培养出人格健全的学生。书中还说：师爱是教育的灵魂，是教师教育学生的感情基础。师爱是一种只讲付出不计回报的、无私的、广泛的、没有血缘关系的爱，是一种严慈相济的爱。爱自己的孩子是本能，爱别人的孩子是神圣。"严在该严处，爱在细微处。"

只有热爱学生的教师，才能真正理解这句话的内涵，并努力去实践。具备了这样的师爱，就一定会在教学实践中满腔热忱，真正与学生交流、沟通，建立良好的师生关系，把学生有力地吸引到教学过程中来，才能亲其师、信其道，激发学生的学习热情，实现教育的目标。同时，在这爱的交流互动中，教师的师德修养也会得到提升。

教育需要爱。在教育过程中，无私地奉献师爱，既是教育成功的关键，又是衡量教师师德的重要内容。高尔基说："只有热爱孩子的人，才能配做一名合格的教师。"只有热爱学生的教师，才能成为师德高尚的教师。因为，为了学生，教师必然注重和培养自己的道德修养，会在实践中不断地修正自己的言行，使之符合职业道德标准，会自觉地做到为人师表，从而树立起良好的师德形象。

## 第二节　良好师德的培养

良好的师德师风的形成，绝非一朝一夕，在制度约束的基础上，也需要广大教师提高自律意识，自觉改正自己生活、工作中的不良习惯，在学生中树立起良好的师德师风。

师德古来有之，不同时代对师德有不同的要求，现代师德是对古代师德的继承与发展，知识经济时代对师德赋予了新的内涵。

## 一、爱岗敬业、献身教育是师德的基本要求

教师的职业有苦也有乐，平凡中见伟大，只有爱岗敬业，教师才能积极面对自身的社会责任和社会义务，才能自觉、不断地完善自我，才能在教育活动中有所收获。

教师不仅仅是在奉献、在燃烧，而且同样是在汲取，在更新，在升华。教师要付出艰辛的劳动，但是苦中有乐，乐在其中。教师最大的乐趣就是照亮了别人，充实了自己。正是这种成就感、幸福感，激励着千千万万的教师不辞辛劳地为教育事业献身。

## 二、热爱学生、教书育人是师德的核心

热爱学生，了解学生，循循善诱，诲人不倦，不歧视学生，建立一种平等、亲密的师生关系，做学生的良师益友。教师对学生的爱，是师德的核心。教师对学生的爱，是一种只讲付出不记回报、无私的、广泛的且没有血缘关系的爱。这种爱是神圣的，是教师教育学生的感情基础。学生一旦体会到这种感情，就会"亲其师"，从而"信其道"，也正是在这个过程中，教育实现了其根本的功能。

爱学生，怎么爱才是真正的爱，近来一些舆论批评某些教师是"制造自卑者的教师"。好多教师都认为，学生的优点，不夸跑不了；学生的缺点，不批改不了。因此，他们总是批评、训斥、否定学生，而很少鼓励、表扬、肯定学生。其实，在老师的眼里不应有教不好的孩子，爱学生就要对学生一视同仁，不能用简单粗暴的做法对待学生或歧视学生。应当相信每一个学生都能成功，平等对待每一个学生，发现他们的闪光点，让每一个学生都能品尝到成功的喜悦。

### 三、更新观念、努力创新是师德的新发展

要让学生从分数的奴隶变为学习的主人。要从以"教"为出发点转变为以学生的"学"为出发点，教为学服务，教不是统治学生学、代替学生学，而是启发学生学、引导学生学。课堂要成为学生学习的用武之地，成为学生在教师指导下获取知识、训练能力、发展智力以及思想情操受到良好熏陶的场所。教师应是教练员，不是运动员，要让学生运用感觉器官和思维器官，去学习、去实践。

### 四、以身作则、为人师表是师德的人格力量

在教育中，一切师德要求都基于教师的人格，因为师德的魅力主要从人格特征中显示出来，教师是教人怎样做人的人，首先

自己要知道怎样做人。教师工作有强烈的典范性，为人师表是教师的美德。教师以身作则，才能起到人格感召的作用，培养出言行一致的人。

## 五、终身学习、不断进取是师德的升华

在知识经济时代，知识和技术更新的速度越来越快，每个人都会面临落伍的危险。在科学和技术发展速度如此之快的背景下，如果不经常处于学习状态，人们的知识结构很快就会落后于实践的要求。所以，时代要求教师必须转变学习观念，确立"边学边干、边干边学、终身学习"的观念，紧跟当代知识和技术的发展步伐。

## 第三节　提高教师的素质

师德师风建设的核心应该是提高教师的素质。所谓教师素质，就是教师在教育教学活动中表现出来的、决定其教育教学效果、对学生身心发展有直接而显著影响的心理品质的总和。"立师德、正师风、强师能"的师德师风建设目标，很好地明确了"师德、师风、师能"为教师素质的内涵。

## 一、立师德

师德是教师素质的重要组成部分，师德是教师素质的核心。教师劳动的知识性、专业性、艺术性、复杂性、长期性、示范性与创造性的特点决定了教师素质构成的特殊性。教师素质是顺利完成教学任务、培养人所必须具有的身心的相对稳定的潜在的基本品质。其本质特点是指教师自身的质量，即教师身心发展的总水平。其构成要素主要是教师的机体素质、文化知识素质、道德素质与心理素质等。

教师道德是一种职业道德。教师的职业道德，简称"师德"，它是教师和一切教育工作者在从事教育活动中必须遵守的道德规范和行为准则，以及与之相适应的道德观念、情操和品质。我们所认为的教师的道德素质并不是指规范、准则本身，而是教师把这些规范、准则逐步内化，成为教师从事教育事业的准则。作为教师基本上都知道教师道德，但许多教师并没有把道德规范、准则内化，所以，他们在实际教学中表现出言行不一致性。由于教师所从事的职业是教育人、塑造人的事业，因此，教师道德素质比教师文化素质更为重要。教师道德是教师的灵魂，简称"师魂"。师德是教师人格特征的直接体现。

## 二、正师风

所谓师风，即教师从教的道德作风。师德师风建设要坚持以热爱学生、教书育人为核心，以敬业爱岗、为人师表为基本准则，以阶段性职业行为禁行规定为底线。我们要以"严谨、勤奋、求实、创新"的精神来要求自己。对教师来说，最好的回报就是得到学生的真心拥戴。好的师风的一个具体表现，就是师生之间保持一种人格上的平等。相互学习、相互尊重。在我看来，"一日为师，终身为父"是告诫教师：一是即使只当了一天的教师，对学生也要负责任。既然为"父"，就要遵循"子不教，父之过"的古训。二是当学生有了成绩或成了气候，不要借"父"名抬高自己或去借学生的"光"。三是当学生犯了错，应主动承担起责任。

"子不教，父之过，教不严，师之惰"之责任。做到了这三条，才是理解了"一日为师终身为父"的真正的含义。

## 三、强师能

学高为师，学是师之骨。我们常问：21世纪需要什么样的教师？21世纪的教师应该是高师能的人，具体是：

### （一）终身学习的楷模

知识社会的显著特征就是知识像滚雪球一样急剧膨胀并快速陈旧。面对"生有涯，而知无涯"的现实，教师必须不断地学习方能胜任教师工作。终身学习者不是一个盲目的学习者，知识传播渠道和信息量的剧增，使教师受到来自四面八方信息的"狂轰滥炸"。一个好的学习者首先要具有批判性和选择力，学习对自己有用的知识。21世纪的教师应该是终身学习的示范者，是学生终身学习的楷模。

### （二）学习技巧的传授者和学习障碍的诊断者

在未来的教育中，教师的作用主要体现在指导学生有效地学习方面，不是以知识权威者的身份向学生灌输知识，而是以学生为中心，根据学生的特点和需要，帮助学生发现问题，想办法解决问题，进而掌握学习技巧，养成自学的习惯。教师必须清楚地知道学生的学习过程，不断地观察学生在学习过程中的表现，敏锐地发现学生的学习困难，并能提出行之有效的解决办法。

### （三）令人信任的心理医生

由于家庭问题、社会问题的共同作用产生了许多问题儿童，表现为行为异常，心理上有障碍。教师需要了解孩子们异常行为背后的原因，运用巧妙的方法予以疏导解决。

### （四）课程设计的专家

社会的进步和教育民主化的发展，使教师不仅要参与教育决策和教育管理，而且越来越拥有课程设计的自主权。教师要根据国家和学校的教育教学目标，本着有利于学生个性自由发展的原则，了解知识产生和更新的状况以及学生的知识结构基础，设计切实可行的课程。

### （五）现代教育技术的行家，信息资源的提供者

现代教育技术的发展为教师提供了许多新的传授知识的手段，尤其是计算机辅助教学和多媒体技术在教学中表现出强大的生命力和广阔的发展前景。教师要学会应用这些教学技术。教师应是新的科学技术的应用者和推广者，是这些方面的行家里手。教师应能帮助学生寻找自己需要的信息，并把这些资源吸收到自己的认知结构中去，变成自己的知识。

### （六）团体工作和团队沟通的专家

教师职业的一个特点就是集体性，要求教师彼此协调，相互宽容，发挥集体的教育力量。教师还要面对学生团体，因为这种团体的活动指导可以提高教师的工作效率。但是众多个性鲜明的孩子组成的团体必然产生摩擦，所以教师必须是团队工作的专家，必须具备处理团体工作的能力和方法。另外，未来社会的劳动分工将更加细致，生产过程的技术含量更高，人与人之间的联

系途径日趋多样。教师必须教学生学会宽容，发现别人的长处，学会与别人一起工作。

### （七）独立研究、独立学习的指导者

学生在学校里的时间相对于人的一生毕竟是短暂的。因此，学生在学校里学习和掌握现成的知识是次要的，更重要的是以此培养学习的技能，在了解知识产生的过程中学会独立发现问题、分析问题、解决问题。在这些方面教师是指导者、领路人、导航员。

### （八）客观公正的评价者

学习过程是一个复杂的过程，涉及到学生生理和心理的多方面。由于学生个体存在很大的差异，在学习的质和量上也就存在差异。教师必须了解和评估学生到底学到了什么。对其成绩的评估要尽可能运用多元化的评估技术，力求科学、客观和公正。

### （九）熟练的社会工作者

21 世纪的学校总要和社会发生密切的联系，彼此影响，随着社会的变化而变化。教师有责任告诉学生，学校发生的变化和这种变化的来龙去脉，以及会对学生产生什么样的影响。另外，学校要和社会上的各个机构和组织进行交涉，教师一定要受过良好的社会工作训练。

## 第四节　全面推进素质教育，切实强化师德教育

教师的职业是神圣的，担负着培养、教育下一代人的艰巨繁重的任务，教师用知识的力量去激励学生求知的欲望，以严爱之心架起师生之间友谊的桥梁。江泽民同志在《关于教育问题的谈话》中指出：老师作为"人类灵魂的工程师"，不仅要教好书，还要育好人，各个方面都要为人师表。这体现了党和国家对教师的基本要求。我国规范现时期中小学教师职业道德有以下几方面：依法执教，爱岗敬业，热爱学生，严谨治学，团结协作，廉洁从教，为人师表。

但倘若教师的人格品德、学识不高，缺乏从事教师职业所必备的遵循职业道德、行为规范的自觉性，试问：他将如何去履行他的天职，完成他的使命呢？这正如陶行知先生所说："道德，是做人的根本，根本一坏，纵然你有一些学问和本领也无其用处。"由此可见，师德是立教之本，正因为教师职业具有的特殊性和教师使命具有的特定性，所以时代与社会对教师职业道德要求水准高于其他行业。教师在学生心目中，是知识的化身，是智慧的源泉，是道德的典范，是人格的楷模，是先进思想文化的传播者，是莘莘学子人生可靠的引路人。因此，教师以德立教以身示教，与时代同步，锻造不朽师魂！

教师的职业道德，应是集公民的思想、政治、法纪、道德等

方面的优良素质在教育教学活动中的统一集中的具体表现。归纳起来，主要体现在以下几点：

第一要热爱教育事业

教师的道德是教师的灵魂，师德是教师职业理想的翅膀，教师的工作是神圣的，也是艰苦的，教书育人需要感情、时间、精力乃至全部心血的付出，这种付出是要以强烈的使命感为基础的。"育苗有志闲逸少，润物无声辛劳多。"一个热爱教育事业的人，是要甘于寂寞，甘于辛劳的。这是师德的首要条件。

第二要热爱学生

教师必须关爱学生，尊重学生人格，促进他们在品德、智力、体质各方面都得到发展。朱小蔓曾说："离开感情层面，不能铸造人的精神世界。"是教育，首先应该是温暖的，是充满情感和爱的事业，教师应多与学生进行情感方面的交流，做学生的知心朋友。爱需要教师对学生倾注相当的热情，对其各方面给予关注，爱将教学中存在的师生的"我"与"你"的关系，变成了"我们"的关系。爱使教师与学生相互依存中取得心灵达到沟通，共同分享成功的欢乐，分担挫折的烦恼。和谐的师生关系，是促进学生学习的强劲动力。爱生是衡量一个教师师德水平的一把基本尺子。爱是一门艺术，能爱是一个层面，善爱则是另一个层面。作为教师要做到能爱、善爱。要爱学生成长过程中的每一微小"闪光点"，要爱他们具有极大的可塑性，要爱他们在教育过程中的主体能动性，要爱他们成长过程中孕育出来的一串串教育劳动成果。"爱"要以爱动其心，以严导其行；"爱"要以理解、尊重、信任为基础；"爱"要一视同仁，持之以恒；"爱"要面向全体学生。"金凤凰"固然可爱，而"丑小鸭"更需要阳光，多给他们一份爱心，一声赞美，一个微笑，少一些说教。要多和他们谈心，帮助他们查找"后进"的原因，真正做到对症下药，在学习上和生活细节上关心他们。

第三要学无止境

要给学生一杯水，教师自己就要有一桶水。学海无涯，处于"知识爆炸"时代的学生们，无论在知识的来源渠道，知识的种类范围和运用知识的能力方面，都非同寻常。这就要求教师在不断端正教育思想，更新教育观念的前提下，不断学习，使自己具有"一桶"源源不断的"活水"。明代思想家黄宗羲曾说："道之未闻，业之未精。有惑而不能解，则非师之过矣。"教书育人是一项重大的严肃的工作，来不得半点虚假，敷衍马虎，因此，教师应当勤奋学习，走在时代和学生发展的前头。教师担负着教书育人的重任，是从事精神产品生产的劳动者，必须有真才实学。面对当今时代的发展，社会的进步，科技的飞跃，以及学生成长对"学高为师，身正为范"的挑战，教师如果不强化"自育"意识，勤学苦练，做到"闻道在先""术业有专攻"恐非易事。因此，教师要勇于和勤于不断提高自己各方面素质，要以科学的施教知识，深入学习教育学、心理学、教育方法等方面的知识，把教育理论最新研究成果，引入教学过程，使教育教学的科学性和艺术性高度完整地统一起来。能够利用现代教育技术，恰当有效地选择教学方法和方式，直观形象地展示教学内容，使教学知识传授与创新思想结合起来，培养学生的创新精神与创新能力。要有创新精神，积极开展教育和科学研究。探索新的科学教育模式，在耕耘中拓展视野，在执教教学中提炼师艺、升华师技。

第四要为人师表

孔子曰："其身正，不令而行。其身不正，虽令不从。"教师在传授知识的同时，更要重视孩子的行为习惯，教授做人的道理，"要立业，先树人"。学生时代是世界观、品质、性格形成阶段，在他们的心目中，教师是智慧的代表，是高尚人格的化身。教师的一言一行，一举一动都对他们的精神世界起着无声无息的作用，就好比一丝春雨"随风潜入夜，润物细无声。"因此，教师一定要用自己的模范作用，为学生树起前进的旗帜，指明前进的方向，点燃他们心中的火种。教师不仅要有做人的威望，人格的力量，令学生所敬佩，还要以最佳的思想境界，精神状况和行为表现，积极地影响教育学生，使他们健康成长。

第五要乐于合作，善于合作

现代教育是一种集体协调性很强的职业劳动，教师的工作需要竞争，更需要合作。竞争促进了教育发展的繁荣，为教育增添了活力。但教师又要乐于合作，善于合作。学生的成长和学生素质的全面发展，绝不是一个教师的劳动成果。教师只有善于处理好教师于教师之间，教师与家长及社会积极力量的关系，才能减少教育过程中的内耗，从而形成取向一致的教育力量。教师的劳动才有可能最大限度地提高教育效率，因此，教师的团结协作精神也是当代师德不可或缺的重要内涵之一。

我们常说："十年树木，百年树人。"教育工作是辛苦的，教师每天都进行着大量的平凡琐碎的工作，日复一日，年复一年，备课、上课、批改作业，管理班级……不仅如此，我们更应该立足现今，着眼未来，以苦为乐，甘于寂寞，勤勤恳恳。教师是"辛勤的园丁，"教师是"燃烧的蜡烛，"教师是"人梯"，教师的工作就是奉献，让我们牢记学无止境，为人师表，让我们用行动去传播爱，让我们用爱去培育心灵，让我们站的新的历史高度，在教育、教学的工作实践中，用高标准的师德观念，规范自身的行为，提高自身的素质，让我们在平凡的岗位上发挥出不平凡的力量。

著名的教育家陶行知先生曾说过："学高为师，德高为范。"作为一名光荣的人民教师，不仅要具有广博的知识，更要有高尚的道德。教师该如何培养崇高的职业道德呢？正如有人说的那样"要人敬的必先自敬，重师重在自重。"教师要自敬自重，必先提高自身的职业道德素养。师德师风教育活动是改善教育发展环境，转变教育系统工作作风的内在要求，也是促进教育事业健康发展的有力保证。诚信立教，首先要做到淡泊名利，敬业爱生，在为人处事上少一点名利之心，在教书育人方面多一点博爱之心；创新施教，要做到以人为本，因材施教，同时要不断加强学习，与时俱进，学习先进的教学理念和方法，更新教育观念，掌握先进的教学技术和手段。

爱岗敬业。首先，要热爱教育事业，要对教学工作有"鞠躬尽瘁"的决心。既然我们选择了教育事业，就要对自己的选择无怨无悔，不计名利，积极进取，开拓创新，无私奉献，力求干好自己的本职工作，尽职尽责地完成每一项教学工作，不求最好，但求更好，不断地挑战自己，超越自己。

加强政治学习，不断提高政治素养。严格要求自己，奉公守法，恪尽职守，遵守社会公德，忠诚人民的教育事业，为人师表。

爱心是师德素养的重要表现。崇高的师爱表现在对学生一视同仁，绝不能厚此薄彼，按成绩区别对待。要做到"三心俱到"，即"爱心、耐心、细心，"无论在生活上还是学习上，时时刻刻关爱学生，特别对那些学习特困生，更是要"特别的爱给特别的你，"切忌易怒易暴，言行过激，对学生要有耐心，对学生细微之处的好的改变也要善于发现，并且多加鼓励，培养学生健康的人格，树立学生学习的自信心，注重培养他们的学习兴趣。

孜孜不倦，积极进取。有句话说的好，没有学不会的学生，只有不会教的老师。这就向老师提出了更高的要求，不断提高自身素质，不断完善自己，以求教好每一位学生。怎样提高自身素质呢？这就要求我们一定要与时俱进，孜孜不倦地学习，积极进取，开辟新教法，并且要做到严谨治学，诲人不倦、精益求精，厚积薄发，时时刻刻准备着用"一眼泉的水"来供给学生"一碗水"。

以身作则、率先垂范。教师的一言一行对学生的思想、行为和品质具有潜移默化的影响，教师一言一行，一举一动，学生都喜欢模仿，将会给学生带来一生的影响，因此，教师一定要时时处处为学生作出榜样。凡是教师要求学生要做到的，自己首先做到；凡是要求学生不能做的，自己坚决不做。严于律已，以身作则，才能让学生心服口服，把你当成良师益友。

总之，作为一名人民教师，我们要从思想上严格要求自己，在行动上提高自己的工作责任心，树立一切为学生服务的思想。提高自己的钻研精神，发挥敢于与一切困难做斗争的思想和作风。刻苦钻研业务知识，做到政治业务两过硬。用一片赤诚之心培育人，高尚的人格魅力影响人，崇高的师德塑造人。只有不断提高教师自身的道德素养，才能培养出明礼、诚信、自尊、自爱、自信和有创新精神的高素质人才。

## 第五节　师德是一种修养

师德是职业道德的一种，是教师在自己的职业生涯中以善恶评价的方式调整自己与他人、个人与社会之间相互关系的思想与行为规范的总和。其中最主要的相互关系与规范包括教师与国家，教师与教育事业、学术活动，教师与学生，教师之间，教师自我修养等基本的人际、社会关系与规范。师风是教师在职业活动中表现出来的一种长期的、稳定的、具有鲜明指向的思想与行为的定式或习惯。它既可以表现为教师个人的作风，也可以表现为教师群体的作风。由此可见，我们所说的高校师德师风建设，从根本上来说，是要帮助教师在事关国家、教育事业、学术活动、学生、同事与自我等问题上树立正确的思想与行为规范，是要在较长的时期内和教师个人及其群体中，使这些正确的思想与行为规范保持其稳定性、覆盖面和影响力，从而调动广大教师的积极性、主动性和创造性，促进学校教育事业的健康发展。因此师德师风建设工作的重点在于对教师思想的引导和行为的规范，在于建立一种可以持续引导与规范教师思想和行为的良好环境和机制。

为人师表，授之以道。教师在向学生传授知识的同时，用自己的品德、修养、情操、作风、仪表，对国家、人民和社会认真负责的态度，对学生良好品质的形成起耳濡目染、潜移默化的作用。具有良好道德修养的教师，犹如一台文明的播种机，通过不断为社会输送合格的、品学兼优的毕业生，把文明的种子撒向社会四方，才使中华民族优良的文化和道德传统得以代代相传。在高校，由于大学生已具备了辨别是非的能力，他们对教师的要求更高，不像中小学生只注意教师的一些外部特点，而更关注教师心灵深处的丰富内涵，他们最佩服的是既有渊博知识、又有崇高品德、乐于帮助学生的教师。

师德师风不像其他有些事情，可以"一俊遮百丑"。好的师德师风的一个具体表现，就是师生之间保持一种人格上的平等。相互学习、相互尊重。在大学里，常常看到一些学生喜欢接近老师，学生接近教师有很多原因，教师的学识、权力、外表等都会成为促使学生接近的因素。但应该看到学识只能满足学生一时的求知愿望，权力只能维系短暂的顺从与亲近，外表只能吸引肤浅的注意。真正打动学生内心的，是人格和道德的力量。这力量才是长久的，它将影响学生的一生，是学生未来的立身之本。因此，就对学生一生的影响来讲，学识、权力、外表等加在一起，也远不如道德重要。越是有才能的教师，越是学术地位高的教师，越需要在这方面自勉。因为你有影响力，从正面说，人家都敬重你，从反面说，人家不敢得罪你。但你有才能，有成就，大家承认你，只是承认你的才能和成就。不能用才能和成就来代替你的道德，或者说，不能用才能上的"俊"去遮德行上的"丑"。学生看老师，既看才，也看德。无才无德，学生厌恶你；有才无德，学生敬畏你；有德无才，学生同情你；德才兼备，学生才会真心拥戴你。

因此，作为老师首先应该成为学习的模范，对于一个"传道授业解惑"的传统教师，知识的多少是非常重要的标准，何况当今世界知识倍增和知识更新的速度越来越快，教师要引导学生成为一个有创新精神和实践能力的主体，就应该有终身学习的精神和能力。要在不断更新自己的知识、思想和观念的同时，掌握新的信息和教育技术、方法、手段，从而适应创新教育的需要，有了学习精神还可以提高教育者与受教育者间交流的层次和水平，受教育者因有了更高的目标而受到激励，教育者因受教育者的主动精神而感到压力，形成双主体间的互动局面，增强教育活动的实效。另外，作为高校老师还应成为德行的模范。道德能弥补知识不完整的缺陷，而知识永远弥补不了道德的缺陷。教师在日常工作、学习和生活中所表现出来的言谈举止，就是教师的品德、性格、意志和精神风貌的集中表现，或者说体现了教师的形象。学生的日常行为习惯的形成，固然有主动适应和服从道德规范及规章制度的因素，但教师的影响是永远抹不掉的，教师如果德行好，就必然在学生中产生人格的魅力，学生有了现实的标准和模范，在思想上认同并在行动中做到自律，道德规范才会在学生的灵魂深处扎根。

作为一名教师，必须自觉地加强自身的职业道德修养，既要以学问教人，又要以道德范人。尤其是应不断加强自身的学术道德修养，做到自觉、自醒、自强、自重、自律，从而提高自己树立良好师德师风的自觉性，以自己高尚的品德塑造广大青年学生的人格和品质。

人的道德不是天生的，需要从生活环境中吸取营养。与其他道德风尚一样，师德师风必须在良好的环境氛围中才能实现由动机到行为的转化，从意识形态进入现实的行动。因此，高校在加强师德师风建设时，要大力营造良好的环境氛围，进而要求大家身体力行，在"做"上教，在"做"中学，在"做"里求进步。强调每位教师要从我做起，从现在做起，从本职小事做起，守住道德的底线，忠于职守，具有"出污泥而不染"的内在追求，坚持一辈子恪守高尚的师德。

师德师风建设要取得广泛成效，必须把普遍号召与骨干先行，道德说教与人格示范结合起来，使一般的道德宣传和号召先转化为部分党员骨干教师身体力行的道德行为，作为党员骨干教师要靠党性立身，靠素质敬业，靠成就进步，处处事事以先进性为标准，干好党组织交给的每项工作，把自己的道德理想、人格魅力和模范行为活生生地展现在广大师生面前，供师生评说、比较、模仿和赶超。结合加强师德师风建设，不断用科学理论武装自己，不断净化心灵，升华思想，提升道德和人格，提高鉴别是非、辩证思维和分析解决问题的能力。只有这样，才能以思想理论上的清醒保证政治上的坚定，以思想理论上的统一保证行动上的统一。党员骨干教师思想境界高尚起来，既可以宣示学校党政领导脚踏实地狠抓师德师风建设的决心，也可以从党员骨干教师的道德实践中探索有益的经验和方法，还可以通过以点带面、逐步推广的方式全面推进学校的师德师风建设。只要我们紧紧抓住师德师风建设的这一切入点，始终注意发挥党员骨干教师的模范带头作用，就能在高校教师中大兴高尚师德师风，就能通过坚持不懈的努力，朝着高校师德师风建设的理想目标迈进，使高校教师成为爱岗敬业、品德高尚、教书育人、无私奉献的先进道德群体。

著名教育家叶圣陶先生说过："教育工作者的全部工作是为人师表。都是必须具有高尚的道德品质和崇高的精神境界。"都是肩负着培养和塑造人的神圣使命，这一使命是通过教师的教学和言传身教实现的，因此作为一名教师，把"铸师魂、倡师德、练内功、树形象"作为加强师德修养的永恒主题，不断提高自身的综合素质，才能适应时代需要，完成教书育人的重任，培育出高素质的新型人才。

爱岗敬业是教师职业精神的重要内容，它既是教师坚持为人民服务的宗旨、具有高度的政治责任和职业责任的具体体现，也是教师实现自身价值，追求人生幸福的最现实可靠的途径。教师只有具备了爱岗敬业精神，才能热爱学生，言传身教，无私奉献，为祖国培养四有新人。

坚持正确的教育思想，因材施教。爱岗敬业，不仅表现为热爱教育事业，安心本职工作，还应表现为时时处处坚持以正确的教育思想教书育人。因为教书育人是一个有机统一的整体，教书是育人的基本途径，育人是教师教书的根本宗旨，教师只有坚持正确的教育思想教书育人，才能全面地贯彻教育方针。

确立认真负责的态度，精心施教爱岗敬业，最终必须落实在教师认真负责、精心施教的工作态度上，必须体现在教师教书育人的过程之中。

伟大的时代蕴育不平凡，普通的工作中也能体现出对教育事业的无限忠诚。作为一名新时代教师，只有不断加强师德修养，努力提高自身的综合素质，重塑新时代教师形象，才能无愧于伟大的时代，完成好教书育人的神圣使命。

# 第三章　教师的修养

## 第一节　教师自身修养三部曲

名师出高徒，好的教师才能教出好学生。但现实的教育状况却不容乐观，各媒体的报道中时而有少许教师虐待学生的事件。虽说低素质的教师是不多，但让学生满意，让家长赞许的教师却也很少。究根追底，不都是由于教师的才疏学浅，而很大的一部分原因是教师行为处事的不妥当，所以提高教师的自身修养势在必行。那么教师该如何提高自身修养呢？

### 一、正视现状

### （一）学生的心声

有关教师自身道德修养存在的主要问题，在大多数学生看来，主要表现在：

言语伤人，当众侮辱学生，不信任尊重学生，看不起学生；

体罚、打骂学生，强人所难；

偏心，对待学生不公平；

不严于律己：上课打手机；不按时上下课；不讲信用；说脏话；言行不一；

高高在上，专制，不听学生的建议；

脾气暴躁，拿学生出气；

表情冷漠，老是板着脸孔；

上课死板，不讲普通话；

小题大做，有事就请家长；

穿着不得体；

这些现象正是目前学生最为反感的。相反，学生认为当代教师应具备的素质应该是：

与生为友；

尊重信任理解学生；

平易近人，和蔼可亲；

幽默风趣，上课生动；

知识渊博，爱好广泛；

能听学生意见；

讲信用；

积极组织班级活动；

有个性，有风格；

语言文明，以身作则；

## （二）家长的心声

1. "我是家长，我怕老师"——一个学生在学校被老师揪耳朵，孩子回家不敢告诉父母，后来被妈妈发现。夫妻俩想了一个晚上，决定还是不与老师理论此事，怕的是老师误解，给孩子"穿小鞋"，怕的是现在看来还是小事，一理论反而将事情闹大。还有一个学生，被老师罚抄作业，心理受了很大刺激，不想去上学。尽管如此，这位孩子的家长还是没有去找老师，而是自己通过关系让孩子转学了事。

目前，社会上这种家长怕老师的现象并不少见。经常可以听到一些家长的抱怨："我最怕见老师了，老师一说叫家长，我比孩子都紧张！"也经常在学校里看到一种情形：家长和自己的孩子站在老师的面前，老师则旁若无人地侃侃而谈，批评孩子，数落家长，孩子脸上是惊恐，家长脸上是羞愧和尴尬。

2. 家长说：我们的要求并不高，老师抽空摸摸孩子的头

上海卫生设备公司的陆女士讲了一个故事——"我清楚地记得，孩子上三年级的时候，有一天回家兴奋得要命，我起初以为是孩子得了个100分，后来孩子告诉我，今天体育老师在走廊里碰到他，摸了摸他的头，还对他笑了笑，引得同学嫉妒得要命。""老师真的神得很。"陆女士说，"家长每天在家里伺候着孩子，他觉得理所当然，但老师偶然摸了一下孩子的头，他却高兴得找不着北。其实老师摸一下孩子的头成本很低很低，而效益却很大很大。""新世纪的教师最重要的一条是要爱孩子，面对灿烂的生

命笑不起来的人应该离开教师队伍。"陆女士很严肃地提出这一要求。

## （1）公平对待每一个学生

说起对教师的要求，太平洋保险公司的贺先生显得很激动："老师最起码的要做到公平对待每一个学生。"贺先生的孩子就读于一所普通中学，学习成绩中等偏下，正因为如此，孩子始终没有得到过任何"出头露面"的机会。贺先生说："每一个人都有长项和弱项，而现在的老师眼里只有一项，就是学习成绩。老师总是以学习成绩为理由，拒绝孩子参加各种活动。这样成绩好的学生机会越来越多，自信心越来越强，进入良性循环；而学习成绩一般的学生因始终感到低人一等，没有信心，反过来又影响成绩的提高。"贺先生希望老师要公平对待学生，给每一个学生以各种各样的机会。

## （2）教师要注意仪表

范先生的儿子正上高二，回家后总是说班主任这个不是、那个不是，对老师的抵触情绪很大。范先生亲自到学校与老师接触，只见这个男老师满口黄牙，烟气熏人，衬衫的领子总是油乎乎的，讲话的态度也很生硬。范先生对记者说，老师的衣着举止是人格魅力的折射，在迅速提高的生活水平下，要求老师穿着整齐些、干净些并不过分。老师的言行对学生有很强的影响力，一旦毁了自己在学生心目中的形象，老师的教学能力将是极其有限的。

从上面三个要求看来21世纪的家长对教师并没有十分苛刻的要求，而只是希望教师做好应该做的。

## 二、剖析自我

从学生及家长的评价与要求中，作为一个教师应该作出深刻地反省。因为学生的评价并非不切实际，家长的要求也并不过分。剖析以上的调查和案例，笔者认为，作为一个教师应该在以下几个方面对自己进行反思：

### （一）剖析自己的思想

1. 有没有改变"师道尊严"重权威、重传统的价值观念。认为自己才能高人一筹，地位高人一等，教师与学生的关系是"我讲你听"的关系；认为只有言听计从的学生才是好学生；认为对于学生的过错只能是严厉的"教导"而不能是"引导"。有没有树立新型的德育教育思想。教师、学生、家长三者之间在人格上是平等的关系，应该与他们站在等高的平台上进行对话与交流，应该如同尊重自己的人格一样尊重他们的人格。

2. 有没有把教师这一行业当作自己的一项事业来做。有的教师说"教师"只是一种养家糊口的职业，而有的教师说"教师"是一项事业，更有人说"教师"是一项需要献身的事业。教育是一门科学，科学需要探索；教育是一门艺术，艺术需要创新，而能将这三者完美结合在一起的人，只能是人类灵魂的工程师——千千万万个教师。笔者认为，事业与职业的区别在于从业者对于本行业的用心程度，热爱自己所从事的行业并为之自觉地付出意志努力，那么职业就成了事业。把"教师"看作一项事业来做的教师，必然会为之奉献自身的才智与热情，才不会有不负责任的行为出现，不会天天板着僵硬的脸。

### （二）剖析自己的言行

学生对教师最大的反感是言语伤人，当众侮骂学生，不信任不尊重学生，强人所难，体罚他们，伤人自尊。学生之言是否有理有据呢？又有多少教师敢说自己没有以上的言语或行为呢？"良言一句三冬暖，恶语伤人六月寒"，作为教师应时刻反思自己的言行举止。

1. 反思有无遵循教学规律，遵循学生的身心发展规律进行施教传道。

青少年期的主要年龄特征是身心状态的剧变，内心世界的发现，自我意识的觉醒，独立精神的加强，他们不再愿意做被动的适应者、服从者、模仿者、执行者，而是力求成为生活中的主动探索者、发现者与选择者。中学教育在促进青少年身心发展方面的任务是给青少年独立的要求以尊重、支持和引导；保证学生身心两方面健康的发展。高高在上，体罚、呵叱、命令式的言行只能引起学生反感和抵触的情绪。也不利于学生身心健康的发展。据《中国教育报》载，10%的学生学习困难，厌恶学校的生活是由于教师不当的教育教学造成的。

2. 反思有无达到良好的教育效果。

美国心理学家华生认为，在学校与家庭教育中不应有"体罚"一词。如果想要采用体罚来培养儿童的良好行为，只会造成不良后果。这是因为：首先，体罚不及时，达不到体罚的目的；其次，体罚使师长容易失去理智，把体罚当做发泄自己不满的手段，起不到教育的作用；最后，体罚的程度不易掌握，体罚有轻有重，太轻不起作用，太重则对儿童健康不利。著名的教育实践家教育理论家马卡连柯也反对滥用惩罚，坚决反对体罚。心理学研究表明，在严厉的教育氛围中成长的孩子，往往胆小怕事缺乏自信，甚至丧失自尊、自暴自弃；在冷漠的气氛中成长的孩子会养成待人冷淡，对事情丧失兴趣的消极性格。

3. 反思有无发挥教师榜样的积极作用。

社会学习论关于道德教育的基本观点是：儿童道德行为通过社会学习即观察和模仿学习可以获得和改变；环境、社会文化关系、客观条件和榜样强化等是影响儿童道德行为形成或发展的重要因素。教师的责任感、价值观、思想作风、言行举止等对学生发展有重要的影响，因为教师是学生学习的榜样。班杜拉等社会学习论者研究表明，榜样具有"替代强化"的作用，成人和同伴的言行不一的榜样对儿童不良行为有重要的影响。由此可推知，教师的不良行为会无意间给学生以不良的示范。

## 三、重建自我

著名教育家乌申斯基精辟地指出："教师的人格对年轻人的心灵的影响，是任何教科书，任何道德箴言，任何奖励和惩罚制度都不能代替的一种教育力量。"人格是一个人的整个精神面貌，是其具有一定倾向性的全部心理特征的总和，它既决定了一个人如何体验外部世界和对待外部世界，而且决定了一个人怎样体验自己和对待自己。因此教师要正视自身的缺陷，找到错误的根源，重建良好的人格。做一个名副其实的人类灵魂工程师。可以从以下几个方面入手。

### （一）理清各种关系，尊重学生与家长

师生关系在社会道德上是互相促进的关系。学校也是社会，从社会学的角度看，师生关系在更深刻的意义上，是人和人的关系，是师生间思想交流、情感沟通、人格碰撞的互动关系。一名教师对学生的影响不仅仅是知识上的、智力上的影响，更是思想的、人格的影响。这种影响不是靠说教就能产生的，精神需要精神的感染，道德需要道德的濡化。所谓"我敬人一尺，人敬我一丈"，就是以德养德产生的效果。《儿童权利公约》也指出要尊重儿童的尊严，尊重儿童的观点与意见，所以要清楚地认识到现代的师生关系，是以教师尊重学生的人格、平等地对待学生、热爱学生为基础，同时又看到学生是处于半成熟、发展中的个体，需要对他们正确指导；教师对学生要以诚相待，以自己的真情与爱

心去感动学生。必须丢掉师道尊严的"面具"，不能以虚言欺骗学生。

教师和家长，对孩子而言，是两个平等的、处于不同角色的教育者，并没有谁上谁下、谁高谁低之分。作为教师，应该尊重家长，不能因为孩子是自己的学生，自己的出发点和终结点完全是为了孩子的"好"，便不讲究教育的方式方法和态度。孩子一有错就叫家长，一叫来家长总是一种居高临下、盛气凌人的态度，一点儿不顾忌环境、场合和别人的心理，似乎孩子在教师手里就成了家长的"短处"，有意无意之中也给家长带来很大伤害。

如今的学生家长大多正值中年，身上都背负着许多——事业、家庭、老人和子女……在自我的奋斗中可以说是身心俱疲。而孩子又几乎都是独生子女，家长对子女都寄以厚望，且不愿他们受到任何伤害。教师更应给予学生和家长充分的理解和尊重，能平心静气地与之交流、沟通，把学校和家庭的教育力量有机结合起来，以收到事半功倍的效果。"尽量多地要求一个人，也要尽可能多地尊重一个人"，这是马卡连柯的基本教育原则。只有尊重他人，才能有效沟通；只有尊重他人，才能赢得他人的尊重。

### （二）培养良好情绪，优化自身言行

培养良好的情绪是开展教育教学工作的重要前提。我国著名学者朱小蔓教授认为："情绪、情感是人类精神生活最重要的组成部分，是人类经验中最亲近的体验。"教师培养良好的情绪有益于自身的身心健康；有益于提高自身的生活与教育教学质量；

有益于幽默感的形成。只有养成良好的情绪，对自己的情绪有良好的调节能力，才能理智地处理工作中的事务，才能调控自身的言行举止。而教师的感染力就是教师以自己的个性去影响学生时所表现出来的情绪力量。教师积极的情绪，如乐观主义，可以使学生产生愉快、振奋的情感体验，从而促使学生在学习与生活中表现出十足的信心；而教师低落的情绪，如老是板着脸孔，可以使学生产生消极、厌烦的情感体验，从而阻碍学生正常思维与活动的发生进展。"以情动人"就说明了教师情绪力量的重要性。

优化自身的言行是开展教育教学工作的必要条件。"以生为友；平易近人，和蔼可亲；幽默风趣，上课生动"是学生理想中的教师形象。学生评价教师的依据在于教师的言行表现。所以优化言行能重树自身的形象。细致耐心，谈吐文雅，面带微笑，有较深的涵养，是一个教师应有的表现。贴近学生，与学生打成一片，既当教师又做朋友，循循善诱，话语真诚，是一个教师应采用的方式。语言幽默、风趣、简洁、生动，讲课深入浅出，引人入胜，能有效地活跃课堂气氛，调动学生积极性，是一个教师应有的追求。讲课有悬念，联系实际，哲理性强，语言有文采，教学有个性，是一个教师应向往的境界。

### （三）拓展兴趣爱好，丰富知识经验

兴趣是生活的调味剂。教师拓展自身的兴趣有利于丰富自己的生活，有舒缓繁重生活与工作的压力，也有利于获得广博的知识。具有广博的知识是教学活动顺利进行的重要条件之一。"师者，传道授业解惑也"，在新科技革命不断深化的今天，学生获

取知识与技术的途径众多，他们所具备的知识广度并不一定比教师窄，若教师一味地吃老本，不重视自身知识结构的更新与重建，对于学生所提的问题或交谈的话题总是表现出茫然的状态，那么教师就会成为学生心中的"老顽固"。兴趣是师生沟通的桥梁，兴趣是学习的动力。培养学生的兴趣、发展学生的个性是新时代教育的要求。很难想象一个自身毫无兴趣爱好的教师能关注并重视学生兴趣的培养与特长的发展。虽说师生的兴趣可能不一致，但兴趣能使人快乐，兴趣也能使人分享快乐。因为，当师生在从事感兴趣的活动时总伴随着积极的情绪体验；稳定而持久的兴趣能推动人深入的钻研问题，获得系统而深刻的知识，而学校是师生知识交流的良好场所，交流习得的知识经验总比交流间接经验更深得人心，况且这种交流更能体现师生之间的双向传导，更能突显师生间平等互动的关系。还有兴趣可以转移学生的注意力，教师可以把自身的兴趣传播给有潜在兴趣的学生，把学生的旺盛精力引导到有益的兴趣活动中。"融入教育、享受工作"是当代教师应追求的美好境界。要"享受工作"就必需做好工作，要做好工作就必需关注自我：在心灵深处进行自我认识、自我解剖、自我教育、自我斗争、自我改造和自我提高。只有这样，才能提高自身修养，做一个学生敬、家长爱、社会认可的好教师。

广大学生肯定和期望的教学类型和教师形象主要有：

1. 认真负责型。爱岗敬业，具有良好的教师职业道德，教学水平高，能力强，经验丰富，方法灵活，为人师表，实施素质教育，严格遵守教学常规的各项要求。既教书又育人，关心爱护和严格管理学生，尽职尽责，全身心投入到教育教学中，受到学生和家长的热爱、敬佩或者认可。

2. 知识渊博型。教学基本功深厚，专业基础知识扎实，内涵深，可以建构本学科框架知识。知识面宽，可以跨学科融会贯通。不仅肚子里有"一桶水"，关键在于这一桶水是有源头的活水，经常充电、更新，不断使自己的思想、知识和能力与时俱进。

3. 条理清楚型。对所讲教材理解透彻，分析深刻。讲课思路清晰，中心突出，层次分明，重点、难点把握的好，表达清楚明了。具有一定的逻辑思维能力和语言表达能力。

4. 联系实际型。讲授教材内容与学生思想、能力和知识紧密联系，与高考、中考相联系，举例恰当，有可贵的实用价值。通过学、读、讲、练，能有效提高学生的学习能力和创新能力。

5. 经验丰富型。教育教学经验丰富，循循善诱，教材处理得当，时间分配合理，教学方法、手段多样化。对于教学中出现的突发现象和学生提出的问题，能够随机应变，再次备课，当即研讨，发动学生共同解决问题。应变能力强，教风民主，师生互信，有安全感。

6. 激情型。讲课慷慨激昂，生动有趣，注意开头、发展、高潮、结尾的科学安排，注意调动学生情绪，激发兴趣，形成互动。当教师把感情与理智有机地结合起来时，课堂上呈现出生机和活力，学生置身于快乐的教学情景之中。

7. 亲近型。和蔼可亲，细致耐心，谈吐文雅，面带微笑，有较深的涵养，亲和力强。尊重学生、平等对待学生，关心重视学生意见，常和学生谈话、交流，熟悉学生的性格、脾气、兴趣、爱好。

8. 幽默型。教学语言幽默、风趣、简洁、生动，讲课深入浅出，引人入胜，能有效地活跃课堂气氛，调动学生积极性。讲课有悬念，联系实际，哲理性强，语言有文采，耐人寻味。

9. 创新型。具有与时俱进、开拓创新的精神品质，教学中思维敏捷，教法前卫，新颖独特，标新立异。能不断学习和掌握先进的教育理念、方法和手段，有自己的思想和特点，深度熟悉本学科最前沿的学术课题和专业知识，理论联系实际，能培养学生创新的兴趣、意识和能力。此类教师很具潜力，是学者型科研型教师，并向专家型教师发展。

10. 现代型。不仅思想解放，贴近学生，与学生打成一片，既当教师又做朋友，而且在以身作则、仪表着装等教师形象上也比较现代化。讲课用普通话，语音标准，声音洪亮，板书规范认真，布置作业科学，善于营造一个既培养共性又重视发展个性的学习空间和环境。有奉献精神，有个性特点，体现出一种朝气蓬勃的时代气息，是素质教育的坚定实践者。

受到批评、强烈要求改进的教学现象和教师形象主要有：

1. "洋务型"。不仅是满不在乎，大大咧咧，甚至有懒懒散散，吊儿郎当，不负责任之嫌。如迟到早退、旷课拖堂、备课不认真、讲课敷衍、辅导不耐心、批改作业不及时，甚至时而挂在黑板上，讲不下去课，有的教师还抽烟、打手机等。当这种现象出现在学生面前时，学生会有什么感受？

2. "浆糊型"。以其昏昏，岂能使人昭昭。这类教师，或者自己认识糊涂，对教材内容理解不够透彻明了；或者头脑还算清楚，但表达含糊，没有条理，抓不住要点，学生听了一头雾水。

3. "华而不实型"。表现为教学空泛，有的滔滔不绝，天南海北，离题万里。有的闲话、废话较多、唠叨罗嗦，而讲授教材内容较少，联系学生实际少，例题讲解少，重点难点不突出，解读要点不透彻。

4. "填鸭型"。继续搞一言堂———填鸭子一般的灌输式教学，而不搞素质教育的启发式。教学中平铺直叙，按部就班，甚至照本宣科，没有抑扬顿挫、起伏波澜，课堂上沉闷呆板，缺少生气，学生了无兴趣，甚至昏昏欲睡。

5. "绵羊型"。有的教师性格和蔼，脸上笑容灿烂，善良虽好，却有软弱之嫌。课堂教学中，要么不管学生纪律，放纵学生；要么管理能力差，课堂秩序难以正常维持，使绝大多数学生失望。可见，善而不严的教师同样受到批评。

6. 过分严厉型。对教学十分认真，对学生十分严厉，但是缺乏感情投入、人文关怀和有效的方法，不能很好地培养和增强学生的自信心和责任心，抓不住学生的思想，未赢得学生的心，还有可能和学生搞僵关系。

7. 情绪化教学。这一类教师，火气大，脾气差，心理不够稳定，常常把个人起伏不定的情绪带到课堂教学中来，喜怒无常。高兴的时候，激情万丈，炉火正旺；生气的时候，横眉冷对，暴跳如雷。

8. 说话随意型。说话随意，不考虑说话的对象、场合、方法、分寸，想怎么批评就怎么批评，很容易刺伤学生的自尊心，比如说"傻瓜"、"笨蛋"、"弱智"等一类的气话。如何把话说得科学、准确、生动、含蓄，让学生乐意接受，是要学习一些语言艺术的。

9. "偏爱型"。如果教师对某些学生或某个班表现出偏爱，大多数学生或其他班就会敏感、生厌。素质教育强调的是面向全体，当今的优秀教师，不仅能教好优生，而且也能教好差生。一碗水端平，不让任何一个学生掉队，"让世界充满爱"，是我们的教学原则。

10. "冷漠专制型"。表情冷漠，对学生冷淡。表现在师生关系上，对学生不尊重不民主，有时打骂、变相体罚和训斥挖苦学生，师生关系冷淡甚至紧张，相互之间不和谐与不信任。

教师只有牢固树立起为学生服务的思想，建立起民主平等的相互尊重的师生关系，才能较好地完成教学任务。

首先，教师要有高尚的人格。作为一名创新型教师要能够安贫乐教，甘于奉献。人民教育家陶行知先生留美归国后，拒绝高官厚禄，创办乡村师范，他赤着脚，穿草鞋，与学生一起种菜、施肥，把每一分钱都用在教育事业上，甚至把文稿的收入也用来教育孩子。他以"捧着一颗心来，不带半根草去"的高尚人格，在人们的心中树立了一座晶莹的师德丰碑。

其次，教师对学生要倾注全心的爱：

第一，教师对待学生要有一颗博爱之心。孔子之所以被誉为万世师表，关键在于他有一颗爱满天下的博爱之心。他的学生来自各诸侯国，出身于不同的阶级和阶层。但他对学生不分智愚，不分长幼，不分勤惰，不分恩怨，一概热心教诲和鼓励。

第二，教师对学生要以诚相待，以自己的真情去感动学生。

必须丢掉师道尊严的"面具"，不能以虚言欺骗学生。

第三，教师爱心应表现在对待学生的宽容上。无数成功的教育教学实践证明：宽容是一种很伟大的教育力量。曾经有个学生因个人愿望没有得到满足，顶撞了老师。而这位教师没有作任何解释，只给她写了一首小诗："土地宽容了种子，拥有了收获；大海宽容了江河，拥有了浩瀚；天空宽容了云霞，拥有了神采；人生宽容了遗憾，拥有了未来。"学生看了这首诗，沉思良久，终于体会到了自己的缺点。

第四，教师的爱心表现在对待学生的责任感上。有一位老师在回忆自己的教学生涯时，讲了这样一个故事：有一次他在课堂上讲某个问题时，没有讲清楚，他马上就在一个孩子的目光中看到了迷惘，他觉得辜负了孩子的信任，自责自己备课的疏忽。多年来，在他的面前一直浮现着这双迷惘的眼睛，这使他深深地愧疚，暗下决心绝不再出现这样的情况。

## 第二节　教师成长与师德修养

### 一、教师的职业价值体现在很多方面

### （一）通过日常教育工作的内在趣味来感悟教师职业的价值。

作为一名教师，我曾经身心疲倦，曾经想到过放弃。工作强

度大，工作时间长，学校对教师教育教学的"量化考核"，往往精确到小数点后两位。作为班主任，我还要面对家长的不理解、不支持。面对来自学校、家庭、社会多方面的压力，我一度感受不到自己的职业价值。《教师成长与师德修养》一书在第三章《敬业》中讲到，要通过找寻到日常教育工作的内在趣味来感悟教师职业的价值。细想一下，确实如此。我们可以把工作看成是创造力的表现。当我在公开课上用真实的材料给外地老师展示了bananamilkshake 制作的全过程，并让学生和教师当堂品尝时，看到他们满意的表情，我感受到了快乐。当一名学生在毕业几年后打来电话感谢我时，我感到自己的价值得到了最大的体现。因为我的工作如同艺术创造，这位当年让我头疼的学生经过我富有创造性的努力之后，几年之后以我希望的样子出现在了我的面前。有一句话是：工作并快乐着。

### （二）把教师这种职业看成自我的一种满足

《士兵突击》中有一句话：人不能过的太舒服，太舒服就会出问题。试想如果一个人没有工作，整天无所事事，相信日子久了，他不会有满足感，不会有归属感，他可能会崩溃。所以我们可以把教师这种职业看成自我的一种满足。此外，教师在工作中得到了发展、感受了成功、也就感受到了自己职业的价值，那么也就找到了"幸福感"。一位老师说，大学毕业后，他当了一名教师。当时电脑并不普及，但潜意识告诉他必须学会使用它，现在他能快速打字备课，能上网搜集资料，能自己制作课件，他感到他的能力在工作中得到了发展。当他被派到澳大利亚进行进一步的深造，当他给全区英语教师做教材教法辅导课受到好评时，他也从自己的专业成长中享受到了幸福。

### （三）注重挖掘教师的职业价值

平时我们要善于挖掘教师的职业价值。书中讲到教师职业价值在于：在促进年轻生命健康成长的过程中让自己感觉幸福，让他人感到美好，让社会充满和谐。这些年来我的工作经历让我懂得：学生在未成年之前，还有许多道理不能明白，许多问题不能解决，还有许多困难不能突破。教师在恰当的时候帮他们一把，学生就会感到很温暖，会心甘情愿地接受你的教育，班集体也会很和谐。有位老师深有感触地说，她的班里一个学习成绩并不突出的学生在送给她的贺卡中写道："送给世界上最美丽的老师！""美丽"这两个字充分说明了学生对我的认同，让我感受到了付出带给她的快乐。她们班的闫安同学曾在周记中写到："同学们英语小考过关后，您那美丽、欣慰的笑对我触动很大，按说同学们成绩的好坏和您没有大的关系，但当您的微笑展现在我的面前时，我才懂得真正的师生情是那么美妙，也许您认为这个微笑很普通，但在我心中是那么伟大！您对学生的爱是那么深厚！I love you，Sally！"当她收到学生的贺卡，看到学生的周记的时，她真真切切领会到教师这一职业所蕴含的无尽价值。我们不要忽略了身边所拥有的一切，应该用心感受来自学生的爱。

## 二、敬业要从细节入手，因为细节成就伟大

在谈到如何敬业时，书中讲到这么一点，从细节开始，让敬业成为一种习惯。现在的学生所处的文化环境与社会环境日益复杂，他们面临着各种诱惑，其心理、生理承受着种种突如其来的变化，所以我们教育者所承担的责任更大，我们必须对待教育中的一切细枝末节。学生的生命历程都是不可重复的过程。如果教师一节课没上好，一次班级偶发事件没处理好，不能期望在以后去改正。教师有"以后"，但学生永远没有特定情境中的"以后"。有一句话是：细节成就伟大。

有位老师三年多以前接任初三（2）班班主任刚刚两个星期，班长由于一时疏忽，将老师放学时交给她的490元钱的班费丢失。此时此刻班主任的情绪若有不慎和冲动，便会影响到学生的情绪，影响班级的舆论和学习氛围。这位老师反复告诫自己要冷静。经过细致地调查、耐心地观察，这位老师发现班内有一个同学情绪波动较大，处理此事的方法成为解决问题的关键。经过和政教处老师的协商，决定不轻率在同学们面前评论此事，因为教师的工作是启迪人的心灵的工作。这位老师做了以下几方面的努力：

## （一）耐心等待，循循诱导

尽管这位老师内心很着急，但这位老师连续三天没有在同学们面前提起此事。有同学不解地问这位老师，为什么不生气，不在全班展开调查，这位老师只是一笑了之。在每天放学前的班级讲话中，这位老师时不时地渗透一些做人的道理，如诚信、如何对待自己的错误、做一个自尊自爱的人等等。这位老师相信拿班费的同学，那几天过得并不轻松，他的内心一定在做激烈的斗争，所以这位老师决不能提"偷"这个字，让他有回旋的余地。

## （二）让学生感受关爱和宽容

此外，这位老师教育其他同学理解、体谅、宽容犯过错误的同学，并引导他们发现他人的优点、长处和集体的关爱。由于这位老师在班级中做了这些工作，这位老师感觉她们班同学成熟了许多，没有人在班内指责拿了班费的同学，有些同学甚至提出大家一起凑钱把班费补齐。这位老师相信拿班费的同学一定受到了震动。

## （三）创造条件，给予学生改错的机会，增强他们改正错误的信心

有了重大的错误，学生备受煎熬，在老师的耐心帮助下，他们可能看到了希望，初步树立改正错误的决心。此时，一方面要消除学生的顾虑，循循善诱，鼓励学生改正错误。另一方面，教

师还要创造条件，让学生意识到"我能够弥补错误"。老师在班里不止一次地强调，犯错不怕，怕就怕一错再错，不思悔改。改正了错误就是好学生，每个人都会犯错。错拿了别人的东西，悄悄放回去，就是好学生。伤害了别人，学会道歉，就收获了友谊和尊严。相反逃避责任，害怕承担责任的人，只能成为畏缩虚伪的懦夫。在班费丢失后的一个星期，有同学告诉老师在讲台底下发现了丢失的班费，这位老师如释重负，老师的等待和宽容，感化了一个学生，帮他找回了自尊，也维持了班里的和谐氛围。

《新文化报》曾有一篇新闻分析指出：当前教师的有限责任正在演变成一种无限责任。因为竞争无休止，学校比了考试成绩，还要比学科竞赛成绩，比纪律，比做操，比卫生……教师身上背负的责任越来越重。但我们一定要保持自己内心的定力，该干吗干吗，仍然把教会学生做人放在第一位，仍然认真地讲课、研究教材，仍然重视家庭、亲情，以及自身的健康。只有保持这种宁静的心态，你才真正做到了心如止水、宠辱不惊，你才能真正体会到教师这一职业使你变得快乐，变得美丽。

## 第三节　教师修养的"六气"

教师的文化修养，是一个优秀教师的基础素质。可以说，一个优秀教师的人格结构和文化底蕴，是其事业成功必备的元素级的基底，因为这直接关系到教师的气质、风度、行为方式和感染力。知识是可以在较短时间内突击学习和提高的，而文化博大精深，漫无边际，只能经过长时间的积累才可能达到一定的造诣和功力。

教师修养的"六气"，指的是正气、才气、骨气、大气、锐气和朝气。

1. 正气。中国的知识分子的道德核心就是正义与良知。在知识密集型单位，就更需要强调正气。正气是教师的立身之基，行为之本，教师的"为人师表，率先垂范"，很大程度上是指教师做人的气节和准则。校园是学术之地，不是心术之地，更不能成为权术之地。弘扬正气就能贬斥歪风，而树立奋发向上的正气才能给教师创造公平和谐的工作环境和氛围，才能激发教师潜在的创造性，才能开掘出五彩缤纷的智慧与灵感。树立正气就是让优秀的人得到肯定与褒奖，让中庸的人悟出企盼与渴望，让落后的人感到压力与危机，从而使群体中的每一个人都能承担起使命与责任，推动事业的不断发展。

正气充盈，律己泽人，这是教师修养的高尚的精神境界。

2. 才气，是指教师的专业才能、文化修养与悟性灵慧。专业才能是教师取得职业岗位的底线，没有较高的专业能力，迟早会被淘汰。教师的专业才能应该包括学科专业知识、教育专门理论和教学专业技能，这是构成教师职业能力的"三要素"。但是只有这些是不够的，要成为一个优秀教师，必须科学精神与人文精神兼备，要具有相当深厚的文化修养，研究教育与文化的关系，关注社会时尚文化对学生的影响，关注文化的发展和变化对学校教育的影响。教师本人如果具有深厚的文化修养，可以大大增强课堂教学的文化品位和生活趣味，收到良好的教学效果。

悟性灵慧是指教师"内省智力"是否丰富，也就是人们常说的有没有"慧根"与"灵感"。教师要多读书，多学习，涉猎自己学科之外的众多领域文化知识，并且善于将学到的知识与文化进行内化、迁移、升华、建构，奠定坚实的基础，才能"厚积薄发"，激发敏捷的思维，产生"灵慧与悟性"。要成为一个优秀的教师，仅有兢兢业业的"老黄牛精神"是不够的，必须要有"灵慧与悟性"，不能只停留在"敬业"的层次，还要"专业、赏业、攻业、建业"，这就是"名师"与"教书匠"的区别。

3. 骨气，其内涵是教师的价值判断和价值取向，直接决定教师的行为准则和行为方式。

中国的知识分子自古至今非常讲究做人的"骨气"。"不吃嗟来之食"、"不为五斗米折腰"、"贫贱不能移，富贵不能淫，威武不能屈"，这些古训都是形容人的"骨气"。有骨气才能离世脱俗，一尘不染，展示师表风范；有骨气才能不畏权贵，不曲笔墨，创立自己的学术思想和治学风格；有骨气才能结交挚友，为同事所欣赏，树立自己的形象；有骨气才能高风亮节，为学生所敬重，体现高品位的人格。在当今社会中，教师的"骨气"显得尤其可贵。在我们的教师队伍中，有一些人抵挡不住金钱和欲望的诱惑，出现了不应发生的现象。例如有的教师想方设法在学生身上发财，乱定资料乱收费，加价牟利；有的教师通过给家长施压来推销产品；有的教师本职工作不热心，却热衷于校外兼课和有偿家教，甚至私人办班；有的教师上班时间还忙着炒股票做生意，手机呼机全副武装进课堂，等等，严重损害了教师队伍的整体形象，在学生、家长心目中造成不良影响。

壁立千仞，无欲则刚，应该成为教师修身养性的座右铭。

4. 大气，是教师气质风度的外在表现。所谓大气，主要表现是豁达与宽容。豁达是襟怀坦白，与人为善，豪爽真诚，肝胆相照。宽容，是真诚的体现，是内涵丰富的象征，是人际关系的润滑剂。宽容不是懦弱和迁就，不是姑息和放纵，而是集思广益，兼容并蓄。宽容需要博大的胸怀，需要饱满的知识和丰厚的阅历。宽容是美德，是个体实力的表征，恰当的宽容，更凸显人格的魅力；恰当的宽容，是更高级的教育。教师群体精英荟萃，藏龙卧凤，需要形成合力才能共同推进事业的发展，但是在知识分子队伍中，"文人相轻"、"门户之争"、"钩心斗角"的陋习也根深蒂固。因此，在教师群体中营造良好的人际关系对于教师的工作、生活，乃至于身心健康都有重要而深久的影响，倡导"大气"具有积极意义。

古人云"君子坦荡荡，小人常戚戚"，这应该成为教师修身的训诫。

5. 锐气，是教师不懈追求、奋发向上的原动力。随着科技进步和社会经济的发展，对教育事业不断提出新的要求，特别是新课程、新课标的施行，使得教学理念、教学方法、教学手段、教学评价乃至于具体的教学环节，都面临着新的变革，可以说，"教育创新"在今天更具有实际意义和重要作用。这就要求教师永远保持不衰的锐气，与时俱进，锐意进取，不断学习新理论、新知识、新技术，提高教学艺术和教学技能。如果教师墨守成规，裹足不前，依然停留在陈旧的观念和模式，就会被事业的发展和社会的进步所淘汰。

6. 朝气，是教师人生活力的表现，是教师乐观健康的生命哲理、充满情趣的生活状态和蓬勃向上的精神面貌。教师的职业给予我们"天赐良机"，那就是"永远伴随年轻"，学生鲜活的生命状态和年轻蓬勃的朝气，是教师无尽的生命资源；而教师也只有保持充足的朝气，才能与学生融为一体，真正了解学生的渴望与需求，从而使其教育行为更符合学生的实际，更具有目的性，真正为学生所欢迎。在学生生命成长的同时，教师的生命也得到坚实的发展，这就是教师生命价值的具体体现。

"教育的生命即生命的教育"，只有我们的教育行为和教育方法贴近或融入学生的生命成长，才能真正有助于学生的全面发展，才能具有长久的生命力，也只有达到了这种境界，才是真正意义的"优质教育"。而要实现这一切，要求教师永远保持积极向上的蓬勃朝气、奋发进取的顽强意志、科学严谨的治学风格和锲而不舍的学术精神。

# 第四章　教师的职业素养

## 第一节　教师的职业素养

"教师是人类灵魂的工程师，必须努力提高自己的思想政治素质和业务水平；热爱教育事业，教书育人，为人师表；精心组织教学，积极参加教育改革，不断提高教学质量。"这是《纲要》对教师素质的要求。

21 世纪，根据教师角色特征和职业特点以及教师的劳动特点，对教师的素养提出了更高的要求。那么在 21 世纪，教师应具备哪些素养呢？

### 一、师德修养

德为师之本，高尚的师德是教师敬业乐教的动力，是贯彻党的教育方针，提高教育教学质量的保证。师德高尚，教师才能在学生心目中树立起神圣形象。因此，教师必须严于律己，为人师表，用高度的责任心和工作热情，去真诚地热爱教育事业，热爱学生，在工作中倾注全部精力，真正做到干一行、专一行、精一行。

1. 热爱教育事业。我国教师所从事的是人民的教育事业，它是为国家培养社会主义接班人和建设者，为社会主义现代化建设培养人才的重要阵地。他关系到国家的振兴、民族素质的提高。教育事业是一个伟大的事业。教育事业是造就人、培养人的事业，它使人摆脱愚昧，走向文明，教人学会做人、学会生活、学会生存、学会学习。这是一个崇高的事业。每一个投身于这一事业的人，都应该感到无尚光荣，都应该为之倾注毕生精力，都应像孔子那样做到学而不厌、诲人不倦，像陶行知那样"捧着一颗心来，不带半根草去"。对教育事业要有较高的责任感，提倡终身从教的乐业精神，严谨执教的敬业精神，不甘落后的进取精神，不计得失的奉献精神。要正确认识教育事业对祖国对人类未来的巨大作用。忠于人民的教育事业是教师做好教育工作的强大动力和精神支柱。

2. 热爱学生。热爱学生是教师搞好教学工作的前提。爱生不仅是一种教育手段，更是教师高尚道德品质的表现。教师热爱学生在教育过程中起着十分重要的作用。师爱能使学生产生愉快的心理体验和幸福感，是学生身心健康成长的重要因素。师爱也是学生人格健康发展的条件。师爱会影响到学生对世间情态、人情冷暖的感受与体验，他们会把这种积极的情感体验迁移到对他人的信任、尊敬和热爱上。相反，厌恶学生，使学生受到不公正的待遇，甚至遭到教师的谩骂、讽刺和打击，就会使他们过早地体验人生的残酷，人情的淡薄，就会滋长学生冷漠甚至畸形的心态，产生不健康的心理。而且师爱还可以换来学生的爱，小学生往往因为喜欢教师而对教师所教的课程感兴趣，并努力学好它。所以师爱可以产生"爱屋及乌"的效果。因此，教师应以高尚的教育伦理，宽阔的胸怀，去热爱学生，去塑造学生的人生。热爱学生应将对学生的爱与严格要求结合起来，还要将爱与尊重、信任学生相结合，尊重学生的人格，保护学生的自尊心和自信心。只有全面关心学生的学习及身心健康发展，才能成为学生人生道路上的引路人，培养出健康成长，和谐发展的高素质人才。

3. 为人师表。孔子曾说："其身正，不令而行；其身不正，虽令不从。"教师是学生直观的、活生生的榜样。高尚的品格情操会给人以很大的影响，尤其是小学生，他们善于模仿，教育者的一言一行、一举一动都会给他们留下深刻的印象，教师的思想品德、治学态度、行为习惯都对学生产生潜移默化的影响。"不能正其身，如正人何？"因此，教师必须严于律己，言行一致，举止文明，为人师表，使自己的一言一行都符合《中小学教师职业道德规范》的各项要求。教师要注重自己的言行，以自己的言行举止和气质性格，潜移默化地影响学生，做到身教重于言教。教师还应具有宽广坦荡的胸怀，良好的品格，严谨的作风，只有这样才能正人、正己。教师在教育教学过程中要高度自觉，进行严格的自我监控，保持情绪积极、稳定，以自己积极的情绪营造良好的教学心理氛围，不能把自己的消极情绪带给学生。

## 二、知识修养

今天，我们所面临的是一个"知识激增"的时代，科学技术不断发展、新知识不断涌现，教育改革日益深入，课程、教材也在不断地更新，这些都促使教师要勤于学习，孜孜以求，广泛涉猎，兼收并蓄，严谨治学，精益求精，从而不断提高自己的科学文化素质，这是一个教师搞好教育教学工作的基础。

（一）要具有较高的政治思想觉悟和比较系统的马列主义素养。"学高为人师，身正为人范。"教师是社会主义精神文明的传播者，是学生健康成长的指导者和引路人。我们要培养学生树立坚定的社会主义、共产主义理想信念，以及自强不息的民族精神等等，教师首先要具有较高的政治思想觉悟、系统的马列主义理论修养。马列主义理论修养不仅关系到教师自身的工作方向，更关系到培养出来的人具有什么样的政治方向和思想意识，形成怎样的世界观的问题。为此，教师必须讲政治、讲正气、讲奉献；必须认真学习马列主义、毛泽东思想和邓小平理论，坚持坚定的政治方向，树立正确的世界观、人生观；及时了解党的路线、方针、政策，学会用马克思列宁主义的基本立场、观点和方法去发现问题、认识问题和解决问题；坚持用马克思主义的基本立场、观点、方法去教育人、塑造人，从而在不断的学习和实践中提高自己的政治思想素质。这样，才能明确自身发展的目标，找准实现人生价值的坐标，为发展祖国的教育事业而奋斗。

（二）要有精深的专业知识。教师为了完成好所承担的教学任务，必须精通该学科领域的专业知识。所谓精，就是要对所教专业的知识深钻吃透，准确把握，具有扎扎实实的基本功；所谓深，就是要比学生高出几筹，深入几分，做到教一知十或教一知百；教师只有对所教学科在知识体系上融会贯通，才能在教学中重点突出，脉络清楚、深入浅出，通俗易懂。因此，教师应通过不断地学习，掌握该学科的基本知识和基本技能，以及该学科的基本理论和学科体系，了解该学科最新的研究成果和研究发展动向，尽量使自己具有精深的专业知识，形成合理的知识结构，坚实的知识基础和扎实的教学基本功，真正成为历史文化的传播者，学生求知的促进者。

（三）广博的文化基础知识和教育科学知识。教师的专业知识应建立在广博的文化知识修养的基础上。因为科学知识的日益融合和渗透要求教师不断拓展自己的知识面，教师只精通本专业，知识面狭窄，难以满足学生多方面的需要，也影响教师自身在学生心中的声望。现代科学文化知识浩如烟海，教师只凭原来在学校学到的知识是远远不够的。教师要给学生一杯水，自己首先必须有"长流水"、"新鲜水"，所以，教师必须具有广阔的知识视野、渊博的学识，方可居高临下，游刃有余。为此，作为一名教师，除了具备一定的专业知识外，还要广泛涉猎其他领域的重要知识，做到文理渗透、中外渗透、古今渗透。从而提高工作效率，取得最佳教育教学效果。

## 三、能力素养

一个教师的政治思想道德素养和科学文化素养都要通过能力素养来发展和实现，特别是教育教学能力的高低，决定着教师的政治思想素养和科学文化素养在教育教学过程中能否得到有效的发挥，所以，能力素养是衡量教师素质的关键。

（一）了解学生的能力。教师只有了解学生，才能使教育工作有的放矢，取得预期的效果。为此，教师必须善于捕捉学生真实的思想，及时了解学生的内心世界和心理特点，根据学生的语言、表情、姿态、行为等方面表露出来的情态，准确地判断学生的思想活动，作出迅速而正确的处理。

（二）教育教学能力。教育能力是指教师在教育教学活动中，运用教育理论、德育理论、心理学知识等，对学生进行政治思想、道德品质教育的能力；教学能力则是指教师的教学基本功以及在教学论的指导下进行学科教学的能力。教育能力与教学能力总是有机地结合在一起，共同发挥作用的，它是教师道德、知识、智慧得以充分发挥的凭借，是一个教师应具备的能力中的主要能力。在教育工作方面教师要善于协调各种教育因素，形成统一的教育力量。教师要提高自己的教育教学能力，就要积极参加岗位练兵活动，苦练过硬的基本功，树立终身教育观念，积极参加继续教育活动；还要勇于实践，大胆创新，成为熟练的把握所教学科的教学行家里手，形成自己独有的风格。

（三）语言表达能力。教师的语言表达能力在教师的能力结构中占有特殊的地位。因为语言，特别是口头语言是教师向学生传递教育信息的重要工具。教师的语言表达能力除了语音准确、语汇丰富、表达连贯、语音机敏等一般特点之外，还必须体现教育教学工作的特殊要求。具体而言，对教师语言表达的要求有：①准确、简洁、具有科学性，要求教师做到发音规范，用语适当，表达确切、通俗易懂；②清晰、流畅、具有逻辑性，要求教师讲话条理清楚、脉络分明，推理严密；③教师要借助语调、语速、姿态、表情、手势等非语言手段传递信息，配合语言，增强教育效果。

（四）教育科研能力。教育科研能力主要指教师能够应用教育科学理论和实验方法，研究、探索及解决教育教学工作中出现的理论与实际问题的能力。一个教师只会传授知识，只能算作教书匠，而教书匠是不能培养出全面发展的高素质人才的。现代教育需要教师具有教育科研的意识和一定的教育科研能力，做专家型教师。教师应该在完成教育任务的前提下，积极参加教改和教研活动，悉心研究、认真探讨诸如教学模式、教学方法、教学内容和学生学习等方面的各种问题，研究和总结教育经验，不断提高自己的教育科研能力。并将研究探索的成果应用于自己的实践，以提高教育教学的效率和质量。

## 四、心理素养

过去，评价教师的优劣，往往更多着眼于政治素质、业务素质、工作态度，至多再考察一下身体素质，却很少注意心理素质，这是很不全面的。在教学工作中，常常由此而造成一些严重影响教学效果的失误。例如，某些学历较高，在学科研究方面有造诣的教师，虽然兴趣狭隘、性格呆板，缺少热情，却仍被视为优秀教师。其结果是，他们的学生往往不能够被教师激发起学习兴趣，学生的各方面能力得不到应有的发展。还有一些教师虽然兢兢业业，起早贪黑的工作，但对学生冷酷无情、严厉苛刻、缺乏师爱，以无限加码为工作特点，由于他们常常能拿出较高的分数，也被"理所当然"地视为优秀教师。其结果是学生往往带着各种各样的心灵创伤在学习，视学习为惩罚，视师生关系为敌对，严重扭曲了青少年的身心发展。一个优秀的教师，不仅要在政治思想、业务能力方面有较高的素养，还应具有良好的心理素养。心理学家指出：只有心理健康的教师，才能胜任教书育人的神圣使命。教师的心理素质是教师搞好教育工作的重要条件，是培养学生成材的可靠保证，是在教师长期的教育实践中逐步培养和形成的。归结起来，教师应具有广博的兴趣、热烈的情感和坚强的意志等心理素质。

（一）广博的兴趣。具有广博的兴趣是教师创造性地完成教育工作的重要动力。因此，教师要广泛地涉猎相关知识。只有具备广泛而丰富的兴趣，才能熟悉学生的身心发展特点、掌握学生的个性特征，才能了解学生的学习情况、兴趣爱好、生活习惯等，才能研究、探索并掌握先进的教育教学方法。

（二）热烈深厚的情感。教师的情感不仅能推动教师积极地工作，而且能直接感染学生，影响教育过程。只有具备深厚而热烈的情感，教师才能深深热爱教育事业，挚爱学生，才能有源于内心的不尽的动力，掌握打开学生心灵的钥匙，才能在教育工作中，使整个人都属于教育事业，属于学生。

（三）坚强的意志。教师坚强的意志品质是顺利而有效地进行教育工作的保证，也是学生学习的榜样。只有具备坚强的意志，教师才能跨越各方面的障碍，不因困难而退缩，才能以自身的行为陶冶学生的情操，才能坚持不懈地去努力，去实现教育目标。这样，才能为学生树立一个意志坚强，勇于奋斗的榜样。

## 第二节　提高教师终身素养的方法

"要把学生造就成一种什么人，自己就应当是什么人。"这是俄国伟大的人本主义代表、作家、教育家车尔尼雪夫斯基提出的一句话，而这句话又恰恰反映出当代教师的使命，一个良好的师德修养对于学生来讲的重要性，一名人民教师的终身素养对教育事业的影响。

要学生做的事，教职员躬亲共做；要学生学的知识，教职员躬亲共学；要学生守的规则，教职员躬亲共守。

——陶行知

　　教师是学生的楷模，学习的榜样，教师要以身立教，为人师表。教育就是以心灵塑造心灵，以人格造就人格的神圣事业。中小学教师的工作对象是成长中有极大可塑性的未成年人，教师的道德表现能够影响一个学生的一生。作为教师，榜样的力量是无穷的，其身教必然重于言教。要在自己的职业道德方面追求卓越，追求高标准，这是构建我们未来民族道德素质的基础。师德就是榜样，当今实践师德是第一要务。

　　师德是指教师在从事教育教学工作中逐步形成的道德观念、道德情操、道德行为和道德意志，是教师从事教育工作时所遵循的行为规范和必备的品质，它体现着社会和人民对教师的希望和要求。教师师德高尚，学生才能"亲其师，信其道"，传道授业才能收到事半功倍的效果。那么，教师师德通过哪些途径来提高呢？笔者认为不外"知"与"行"两步，二者相辅相成，缺一不可。

　　第一步，要"勤知"。努力学习教师道德理论，树立人民教师道德的理论人格。人民教师道德理论是教师进行职业道德修养的指导思想掌握了它，才能辨别善恶、是非，才能在自己思想领域里战胜那些错误的，落后的道德观念。学习主要包括个人自学和有组织的教师道德学习两种方式，内容主要有学理论和学楷模之别。个人自学不受时间地点限制，有一定的自我支配的灵活性、机动性，针对性强，但由于受教师个人理论水平、理想觉悟和自我控制能力的影响，有时达不到预期的目的。教育部门，包括学校组织的教师道德学习，是一种有组织、有计划的教师道德教育，它克服了自学中的不利因素，可以解决一些共性的问题。树立教师道德的理想人格，就是要确立人民教师道德的理想。认真向革命前辈、英雄模范和优秀教师学习，对照自己的理论认知，汲取他人之长补己之短。一个只有在道德修养中时刻以教师道德的先进典型作为自己思想行为的楷模，鼓励自我，在思想意识中凝聚着教师道德原则和规范，常以崇高的道德品质作为自己行为的目标，才能使自己的道德修养不会迷失方向，才有可能使自己成为一个有较高教师道德修养的人民教师。

第二步，要"善行"。参加社会实践，做到知行统一。参加社会实践，在实践中进行教师道德修养，反思理论的指导作用，是教师修养的根本办法。在教师道德修养的过程中，从教师道德认识，道德情感，道德意志，道德信念到教师的道德行为和习惯，自始至终都是在社会实践中和教育教学完成的。教师只有在教育教学实践中，在处理师生之间、教师之间、教师与家长及教师与社会其他成员之间的关系中，才能认识自己行为的是与非，才能辨别善与恶习，才能培养自己良好的教师道德品质。如果只是"闭门思过"、"坐而论道"，脱离实践去学理论，那么师德修养就会成为一句空话。

"实践是检验真理的唯一标准"，无论理论知识掌握的多么丰富出色，如果经不起实践的检验，其理论的说服力是无力的；或者说，在实践过程中，不注重对理论知识的反思与感悟，势必会多走弯路。因此，参加社会实践，投身教育教学工作中，坚持理论与实践相结合的原则，是教师道德修养的根本途径，只有如此才能有效地提高师德修养。

进行教师道德修养，还必须掌握一些方法。那么，具体有哪些方法可以帮助我们提高师德修养呢？

首先，努力学习科学的理论知识。包括思想道德理论和科学文化知识。为了使自身修养有一个明确的方向，我们需要不断地用科学的理论武装自己的头脑，让自己时刻保持清醒。作为一名人民教师，最起码要非常明确哪些应该多做或做好，哪些应该少做或不做。而这些，在各种法律法规中有明确的规定，只要我们时刻在规定范围内做的更好，那就充分体现出自己的师德修养在不断提高的过程中。

其次，学习先进教师的优秀道德品质。因为先进教师是存在于社会之中，生活在教师队伍里的活生生的人，它能够以直观形式启发教育和感染教师，进而影响教师的思想和行为，监督和促使他们以先进人物为榜样，取长补短，提高道德修养水平。学习先进教师的优秀品质，要多读教育界名人的传记和模范教师的先进事迹，多接触他们，以便受到感染和鼓舞，使自己的行为趋于道德原则和规范的要求。要学习身边的模范教师，他们生活在自己身边，看得见、摸得着，影响更直接、更深刻、更快捷。

最后，正确开展批评和自我批评。正确开展批评和自我批评，严于解剖自己，是促进个人进步的内在动力和外在推动力，是教师道德修养的根本方法，由于教师工作的艰辛、繁重、复杂，教师在道德修养上会出现反复或曲折，也会因种种原因产生这样那样的缺点或错误，这都是在所难免的。对于这个问题，关键是如何对待自己在道德实践中出现的违背教师道德的言论和行为。正确解决方法是深刻地开展批评和自我批评，纠正不足，克服缺点，完善自我。

综上所述，教师道德修养是教师职业道德要求的一项根本内容，教师应该通过上述途径和方法，积极地增强自己的道德修养，在外界客观因素的影响下，更主要地通过自身不懈地努力，日积月累，经过长期的锻炼，就能够使师德修养不断提高，成为具有良好道德修养的教师。

所谓"活到老，学到老"，作为一名教师，终身学习是师德修养的时代要求。终身学习应该成为现代教师的职业素养和习惯。

## 一、崇尚科学精神，树立终身学习理念

（一）崇尚科学精神，树立终身学习理念是教师职业的必然要求

崇尚科学精神，就是尊重和推崇科学精神。什么是科学精神？近代著名学者梁启超先生认为："有系统之真知识，叫做科学，可以教人求得有系统之真知识的方法，叫做科学精神。"教师从事的工作从某种意义上说就是科学工作，教师的教育教学过

程必须要遵循教育教学规律，特别是要遵循青少年成长发展规律、思想品德形成规律。教师崇尚科学精神，就是教师必须正确认识和严格遵循教育的内在发展规律办事。

教师具有科学精神，在教学过程中主要体现在理解知识所负载的价值及意义。知识既有事实层面，又有价值层面。近代以来，我们较多地强调事实层面的知识，或者过多地强调知识本身的事实及原理。一位有科学精神的教师会十分执著地追求科学知识所蕴涵的价值及意义，尊崇科学精神，并善于将这种科学精神传递给学生，以激起学生对真理的热爱。并在教学过程中积极地引导学生生动活泼地掌握知识。

教师具有科学精神，还反映在教师严谨治学的品格上务实认真、锲而不舍、坚韧不拔等人格特质也会在传递知识的同时得到充分的展示。一个缺乏科学精神的老师，不懂得遵循科学规律的老师，毫无疑问，他的工作一定是事倍功半，甚至是徒劳无功。

教师崇尚科学精神，一个重要表现就是要树立终身学习理念。

终身学习理念，是 1965 年时任联合国成人教育局局长的法国著名教育家保罗·郎格朗首先提出的，自 20 世纪 60 年代中期以来，在联合国教科文组织及其他有关国际机构的大力提倡、推广和普及下，终身教育作为一个极其重要的教育概念在全世界广泛传播。许多国家在制定本国教育方针、政策或构建国民教育体系框架时，均以终身教育的理念为依据，以终身教育提出的各项基本原则为基点，并以实现这些原则为主要目标。1994 年，联合国教科文组织在意大利举行了"首届世界终身学习会议"，提出了终身学习是人类 21 世纪的生存概念。自此，终身教育成为全球性的教育运动。

终身学习的涵义是：处于现代社会中的人，学习是不能一次性完成的，需要继续教育、终身教育，终身教育是现代社会的产物。

终身教育的理念是 20 世纪最富有冲击力的教育思想，1989 年联合国教科文组织在北京召开的面向 21 世纪教育国际研讨会的报告《学会关心：21 世纪的教育》指出，为适应 21 世纪的要求，教育体制不同于目前的形式，最重要的是社会更多地参与学校和学校更多地参与社会，学习将成为一个终身的过程。1996 年，德洛尔主持的国际 21 世纪教育委员会向联合国教科文组织提交的《教育——财富蕴藏其中》的报告认为：终身教育贯穿人们一生的学习，是进入 21 世纪的一把"钥匙"，要把"终身教育放在社会的中心位置上"。

教师必须确立终身学习和终身教育的理念：教师是人类永恒的职业，但社会对教师条件的选择并不永恒，时代对教师的要求越来越高。教师良好的素质并非与生俱来，而是通过学习才能获得的。终身学习的能力既是社会发展对人的要求，也是教育变革对教师职业角色提出的要求。试想，如果一位教师他自己的思想观念、知识结构从始至终都是一成不变的，他如何能培养出符合社会需要的人才？

（二）崇尚科学精神，树立终身学习理念是教师职业的现实

要求

第一，我国已经进入建设人力资源强国的新时期，国家需要大批创新性人才，随着知识经济时代和信息社会的到来，知识更新日新月异，新技术、新发明不断涌现，新理念、新型专业、新知识、新方法相继出现，创新性人才的培养是教育的要旨。教育的最终目的不是传授已有的东西，而是要把人的创造力诱导出来。深化教育改革，全面推进素质教育，首先要转变教师的教育教学观念。不同年龄和知识梯度的新老教师，必须通过学习，才能转变教育教学观念，树立新的教育观和师生观。通过学习，才能掌握现代化的教学手段，传播先进文化，弘扬学术精神，造就创新人才。

第二，针对少部分教师缺乏科学精神与判断能力，因循守旧、习惯模仿、缺乏创新精神。

当今世界，科技突飞猛进，知识经济已见端倪，国际竞争日趋激烈，人才资源在增强国力方面显示出越来越重要的作用，教育越来越受人类重视。科技进步，知识、经济和信息发展加上政治变迁，意识形态、生活方式和个人潜能的变化是终身教育思潮形成和传播的主要历史背景。终身教育是现代社会的产物。教育不再是随着学校学习的结束而结束，教师不再是知识的权威与垄断者，抱着学历证书、躺在功劳簿上而抱怨"谁动了我的奶酪"的人必将被淘汰，"逆水行舟，慢进则退，不进则亡。"

第三，针对一些老师，很少读书，只求文凭、不求水平；只求学历、不求学力；只求职称、不求称职的现象。

据法制晚报报道：目前教育部正在酝酿出台的《教师教育标准》，对教师的入职标准有所提高，确立了"儿童为本"、"实践取向"、"终身学习"三大原则，将改变目前偏重书本知识、让学生死记硬背式的教学方式。

领衔起草《标准》的华东师范大学教授钟启泉告诉法晚记者，该标准意味着我国师范教育体系要进行大改革，改革后的师范课程将着重于教师实践能力的提高。教师工作的重心必须从"教会知识"转向"教学生会学知识"，即所谓的"授之以渔"。

钟启泉教授说，新的教师专业标准和课程标准要求教师不单单是"教书匠"，教师尊重孩子的学习权，与学生平等地对话。所以新标准要求教师必须要研究教育对象（学生），杜绝"目中无人"的教育方式。钟启泉表示，按照他领衔起草的标准，现在的绝大多数老师不合格。现在我国的中小学老师存在三个主要问题：不读书、不研究、不合作。

分析其原因，他认为，这主要归结于目前我国师范生在大学接受的教师教育，与社会发展实际至少落后 50 年，现在使用的仍是新中国成立初期的教育理论，尽管有过一些改革，但是目前仍然是偏重书本知识，接受式学习死记硬背，强调老师在课堂上的控制，是封闭式的教学方式。用这种教育模式培养出来的学生，根本无法适应现在的中小学教学，制约着教师教育的质量。

钟启泉教授特别强调："我提到的绝大多数老师都不合格，并不是说这些不合格的老师要遭到淘汰，而是说大多数的老师需要进一步的学习，事实上所有的老师都应该是终身学习者。"

（三）终身学习是当代教师成长和发展的必由之路。新的教育观念认为，终身学习是当代教师成长和发展的必由之路。新世纪的教师必须道德高尚，知识渊博，具备扎实的教学基本功，有终身学习和创新教育能力。终身学习是一种知识更新、知识创新的要求。终身学习的主导思想就是要求每个人必须有能力在自己的一生中利用各种机会，去更新、深化和进一步充实最初获得的知识，使自己适应快速发展的社会。在深刻认识教育在社会经济活动中作用的基础上，必须把终身学习看作是教师的一种社会责任，一种人自身发展的需求。

教师应该成为终身学习的楷模。教师强则学生强，教师强则教育强，教师强则民族强。教书者必先强己，育人者必先律己，教师良好的素质并不是表现在一纸文凭上，教师的学历不等于能力，只有持久的学习力，才能使教师的能力不断增长，素质不断提高。只有教师学会读书，才能教会学生学会读书；只有教师的知识不断更新，才能使学生的知识不断更新；只有教师学会终身学习，才能教会学生学会终身学习。

终身学习是教师专业持续发展的根本途径。教师绝不能满足于原有知识的掌握，满足于原有教育经验的积累，要不断加强业务学习，在提高自身知识传授能力的同时，着重增强科学研究能力和创新意识的培养，自觉地把自己的教育教学过程变成培养学生创造精神，激发学生创造力的过程，不仅向学生传授现成的知识，更要引导学生探索未知领域，让学生不仅接受解决问题的现成答案，还自己寻找解决问题的独创性方法。特别是网络的普及，学生每天都在接受着大量的信息，面对东西方不同文化思维的碰撞，面对学习和生活中的诸多压力，他们每天都会产生很多疑惑，具有"一桶水"的教师再也难以为学生传道、授业、解惑了，教师必须具有源源不断的源头活水，方可担当人师。"问渠哪得清如许，为有源头活水来。"学习是教师专业水平持续增长的源头活水，教师只有通过学习，才能提高思想境界和道德水平；只有通过学习，才能不断丰富自己的专业知识；只有通过学习，才能掌握现代教育技术和教学技能。教师的学习就像植物对水分的吸收一样，一天也不能缺少，否则，教师的职业生命将会逐渐枯萎，教师只有做到学而不厌，才能诲人不倦。

教育是需要以品德化育品德、以人格塑造人格、以素质提高素质的崇高事业，教师要终身加强道德修养，及时掌握先进的教育理念，树立正确的教育观、人才观和质量观，才能教育学生学会做人、学会合作、学会求知、学会实践、学会创造。要给学生一碗水、自己必须有一桶水，是对教师学识水平的基本要求，在知识经济时代，教师必须认清终身教育和终身学习对自身成长和发展的重要性，自觉地树立终身教育、终身学习的观点，不断地提高自身素质，以适应现代教育的需要。

## 二、勇于探索创新，让教师的职业生命充满活力

师德规范要求教师，潜心钻研业务，勇于探索创新，不断提高专业素养和教育教学水平。

　　叶澜教授就明确说过：没有教师的教育创造，就很难有学生的创造精神。夸美纽斯引用那齐恩曾的话：教育人是艺术中的艺术，因为人是一切生物中最复杂和最神秘的。如果教师仅仅把教学看成是一项技术性的工作，并以这种思想来统领和指导教学，那么在教学中他（她）所扮演的角色更像是一名教书匠，而不是真正意义上的教师，他只是在砌砖，而不是在建造。再进一步设想，如果教师停滞不前、墨守成规、固步自封，我们如何能期待这样的教师去开展创新教育，去培养学生的创新意识和创新能力呢？

　　因此，教师不能只是道德的传声筒和会说话的教科书，教师应该成为鲜活的、人格丰满的的创造者，在创造中快乐地、充实地生活着。新时代的教师要成为学生成长的引领者；学生潜能的唤醒者、教育内容的创新者、教学艺术的探索者。正如陶行知先生所说：教育者不是造神，不是造石像，不是造爱人。他们所要创造的是真善美的活人。教师的成功是创造出值得自己崇拜的人，先生之最大的快乐，是创造出值得自己崇拜的学生。

　　现代教师要努力成为一个创造型的教师。

　　有学者认为：所谓创造型的教师是指教师能用自己独特的教育理解来发现和创造行之有效的方法，进而成功地影响学生。意味着教师能够不断地探索以便改进自己的工作，不断尝试新的教学方式和教学风格，能够从不同的角度对那些习以为常、司空见惯、又熟视无睹的事情作出新的解释，能够对那些理所当然、天经地义的事情报以重新的审视，能够对那些似是而非、以讹传讹的种种说辞予以警示。

日本学者恩田彰对创造型教师提出9点要求：

一是要善于诱发学生的动机并及时给予评价；

二是要善于使学生自发地学习并发挥他们进行研究的主动性；

三是要善于创造激发学生求知欲的学习环境；

四是要善于提出适当的课题不使学生气馁；

五是要善于创造令人感到温暖的互相谅解和理解的气氛；

六是要善于尊重学生个人的独立性；

七是要善于引导学生独立思考，让学生自己去形成概念；

八是要善于创造性地组织小组学习；

九是要善于建立与各类专家协作的体制，借助社会力量发展学生的创造力。

我国学者认为，创造型教师要具备如下特点：

一要具有现代师生观，建立新型师生关系；

二要具有现代教育的目的观、人才观、德育观，致力于学生的身心发展；

三要掌握现代教育手段和方法，培养学生的自主意识和创新意识。

创造型的教师是指能用自己独特的教育理解来发现和创造行之有效的方法，进而成功地影响学生，否则，就不是一位好教师。教师在传递知识的同时，要努力把传递知识的过程变成学生发展的过程。过去那种往往把学生看作知识的"受纳器"而单向进行灌输的教学方式，是不能促进学生的发展的。

案例：深圳新安中学语文特级教师吴泓，是个勤于学习，善于思考，勇于创新的教师，他从事语文教学工作，教学之余细心研读了《诗经》、《楚辞》、《论语》、《孟子》、《国语》等。为了读懂这些经书，他又细读了许慎的《说文解字》，段玉裁的《说文解字注》，陆宗达的《说文解字通论》、《训诂学》和洪诚的《训诂学》等。读这些经典书籍，他常常会联系教育上的问题来思考，并且把思考记录下来。正是由于有了这样深厚的文化积累，吴泓在语文教学上游刃有余，应变自如。他喜欢在自己的课堂上用国学与学生对话，用优秀的传统文化来引导、启发学生。

吴泓对语文教学现状有着深沉而独特的思考。面对花样翻新的语文教学理论、模式、技术、方法，他不迷信，不盲从，坚持独立思考，走自己的路。他认为铸就思想、构筑精神、"精神与语言共生"是高中语文走出困境的"第一要义"。并提出语文教学在义务教育阶段是以语言技能学习去领悟作品的思想、精神、意蕴的，即侧重于"先技后道"；在高中阶段，则要遵循"必须先道后技"的语文学习规律。

吴泓的创新成果，体现在学生一篇篇思想鲜活语言也鲜活的习作中。于是，吴泓创立了他的"家园——高中语文专题学习网站"，融合了传统教育教学方法，结合现代信息教育技术，创造出了一种新时代的教育教学样板和方式。

教师要创造性地使用教材并教会学生学习。教材对教师而言仅仅是一种媒介，教师处理教材时，不能简单地灌输教材，而要高水平地、有创意地处理教材。创造性的知识传递者是一个能处理知识、发现结构、进行有效的知识传递，并能激发学生的求知欲，使学生具有积极的学习态度的教育者。这就要求教师必须具有渊博的知识及展望学科发展前沿的眼光。如果教师具有了高知识素质，就能高屋建瓴地理解、把握、发现、处理、驾驭教材的内部组织结构并将其充分地表达出来。

创造型的教师在很大程度上是相对于教师自身教育习惯的一种超越，包括树立新的教学理念、形成新的教学风格、尝试新的教学方法、采用新的教学手段，都可以看作是教育创新。同时，教师正是在这种创造中使自己的职业生命充满活力。一旦教师停止了学习，教师的工作便如同机械的运作，在机械枯燥的活动中教师会丧失人的本质，会觉得生活毫无意义，会沮丧而没有活力。这一切都将使教师工作显得多么令人厌恶。因此，学习本身还在拯救教师自己。学习可能就是这样一种东西，她使学生亲和你，使你永葆活力，使你有魅力。

所以，当代教师绝不能作为一个把知识装入没有情感、没有个性的僵化的物器中的知识贩卖者，而更要让学生在接受知识的同时，心智能力得到开启，逐步掌握知识的内在结构，并学会探求知识的方法，获得一种生成性的学习工具。这样，他们也就获得了自我成长的翅膀。特别是学生获得了知识，形成了一定的素质后，这种素质将成为学生未来发展的内在动力源。另外，教师在传递知识的同时要促进学生的发展，让学生获得一种探索新知识的能力，让教师的职业生命充满活力。

### 三、学会学习，为可持续发展获取持久的动力

马卡连柯说过："教育者的技巧，并不是一门什么需要天才的艺术，但它是一门需要学习才能掌握的专业。"学习是发展之本、提高之策、进步之源、成事之基。在学习化社会中每一个人都将是终身学习者，教师作为学生学习、发展的指导者、促进者，应当学会学习，一桶水是远远不够的，必须具有"活水源"，这个"活水源"就来源于不断的学习。

教师为什么要终身学习？联合国教科文组织在《世界教育报告（1998 年）：教师和变革世界中的教学工作》中指出："人们逐渐认识到，教学同其他职业一样，是一种'学习'的职业，从业者在职业生涯中自始至终都要有机会定期更新和补充他们的知识、技巧和能力"。

陶行知先生曾经尖锐地指出："有些人一做了教师，便专门教人而忘记自己也是一个永久不会毕业的学生。因此很容易停止长进，甚至于未老先衰。只有好学，才是终身进步之保险，也就是常青不老之保证。"陶行知先生说："有些人做了几年教师便有倦意，原因固然很多，但主要的还是因为不好学，天天开留声机，唱旧片子，所以难免觉得疲倦起来。"他还说："要想做教师的人把岗位站得太久，必须使他们有机会，一面教，一面学，教到老，学到老。当然，一位进步的教师，一定是越教越要学，越学越快乐。"

　　教师应该成为终身学习的楷模。教师强则学生强，教师强则教育强，教师强则民族强。教书者必先强己，育人者必先律己，教师良好的素质并不是表现在一纸文凭上，教师的学历不等于能力，只有持久的学习力，才能使教师的能力不断增长，素质不断提高。只有教师学会读书，才能教会学生学会读书；只有教师的知识不断更新，才能使学生的知识不断更新；只有教师学会终身学习，才能教会学生学会终身学习。马卡连柯说：学生可以原谅教师的严厉、刻板、甚至吹毛求疵，但不原谅他的不学无术。总之，教师要胜任教书育人和为人类社会造福这一神圣的使命，必须建立起动态的知识库和科学的知识结构，随时补充、更新、调整自己头脑中的知识体系，使自己的思想、观念和知识跟上科学发展的需要。要做到这一点，教师一方面要向书本学习，博览群书，上知天文，下知地理，中知人事。

　　教师作为专门从事人才培养的职业，从业者不仅要有高尚的道德情操，而且还应该具有广博的专业知识，精湛的教学艺术，才能担负起为祖国培养建设者和接班人的重任。信息时代，科技飞速发展，社会日新月异，教育者必须日新其德、日勤其业，才能学为人师，身为世范。

　　荀子在《劝学》中写道：学不可以已。意思是说，学习是一件永远也不能停止的事情。近代著名教育家陶行知倡导"活到老，干到老，学到老，用到老"。

　　教师应当学什么知识？

　　人类的任何学习活动都可以从六个方面进行分析：①谁在

学？即学习的参与主体。②学什么？即学习的内容。③在哪儿学？即学习的地点。④什么时间学？即学习的时间。⑤怎么学？即学习的途径和方法。⑥为什么学？即学习的目的。在这六个因素中，起最重要作用的是："为什么学习"。无论学习的其他因素如何重要，都要围绕学习目的来运转。学习目的是第一位的。

以前，教师常常认为知识是确定的，教科书是物化的知识体系，教育的过程就是把这些确定化的知识传播、传授给学生。但现在，我们知道知识是不定型物，就是说，知识不再仅仅是一个客观化了的、明晰化了的、"真理"化了的东西，而内蕴着和人之间的互动关系，人在知识中的作用越来越强了，要让学生在学习知识的过程中感受到知识与生命的丰富关系，享受学习知识的愉悦。

当前美国流行教师资格测验——"国家教师测验"（NTN），从掌握知识的角度对教师资格进行考察，把教师的知识分为：

①教师的一般知识基础，即教师的一般文化背景，如语文、文学、数学、社会科学、自然科学等方面的知识；

②教学的职业知识，包括教育学、心理学的基本知识，以及教学的原则和实践知识等；

③学科知识，即教师对于所教学科具有的知识。

我国学者认为，一位称职的教师主要应具备三方面的知识：本体性知识、条件性知识和实践性知识。教师本体性知识是指教师所具有的特定的学科知识，它是教学活动的基础。在教学活动中，一切努力都是围绕着本体性知识的有效传授。教师的条件性知识是指教师具有的教育学和心理学知识。教师在教育教学实践中，将科学知识转化为学生可以理解的知识、这一过程的顺利实施需要教师具备一定的条件性知识。教师的实践性知识是指教师在有目的的行为中所具有的课堂情境知识，和解决疑难问题知识以及与之相关的知识，也就是教学经验的积累。

教师的学习并不是只读书、读死书。教师学习的内容非常广泛，包括学习专业知识、学习育人方法、学习教学技能等等。这就意味着，教师的学习途径可以从书本中学、从网络中学、从他人身上学、从教学实践中学，等等。还需要教师学习方式必须发生转变。

第一，由被动、机械地学习向主动、探究地学习转变；

第二，由依赖教才、教参向关注社会实践、经验和其它信息资源转变；

第三，由盲从权威、迷信书本向发展创新精神和创新能力转变；

第四，由过分关注单一应试知识向注重认识、兴趣、意志、毅力、信仰、科学精神等情感、态度和价值观转变。

总之，学习是教师作为可持续发展获取持久的动力和源泉。所以教师要注意不断地补充更新自己的专业知识，更新观念，拓展知识面，不断提升自己的整体素质，始终跟上社会发展的需要，成为热爱学习、终身学习的楷模。

（一）勤于读书

苏联教育学家苏霍姆林斯基在给《给教师的一百条建议》中

就曾建议青年教师们要每月买3本书：

1．关于你所教的那门学科方面的科学问题的书；

2．关于可以作为青年们的学习榜样的那些人物的生活和斗争事迹的书；

3．关于人（特别是儿童、少年、男女青年）的心灵的书（即心理学方面的书）。这无非是让教师们养成爱读书的习惯。"腹有诗书气自华"，读书是人一生当中最应该养成的一种重要习惯。一个致力于教育事业的人有了读书的习惯，树立了终身学习的意识，才会不断充实自我、完善自我，才能走的更远！

案例：教师读书持续走低令人堪忧。2007年6月27日，北京市海淀区教育科学研究所公布了在全区范围内进行的一项教师阅读状况调查。"目前，有半数以上教师每天阅读时间不足半小时，平均每人每年读书不到7本。"

此次调查选取了小学、初中、高中80所不同类型学校、每校选12～14位教师共1011人（其中男教师167人，占16.5%，女教师为844人，占总人数的82.5%），她认为：调查结果不容乐观。统计表明，教师阅读时间明显不足。有54.5%的教师平均每天阅读时间不足半小时，教师每周能利用业余时间进行1小时阅读的占15.4%，每周阅读时间为2～3小时的教师占32%，每周阅读时间在4～5小时的教师占19.2%，每周阅读时间超过5小时的教师占27.3%，另有5.1%的教师几乎没有时间阅读。对于教师职业而言，这样的阅读时间是难以满足知识更新需要的。这种现状绝不仅仅是海淀区的特例，可以肯定地说在全国范围内是具有代表性的。

只有通过多读书、读好书，才能不断丰富自己的大脑，提高自己的文化底蕴，才能使自己的知识不断更新，在教学上才会有创新，才会有灵感，才能做一个学生喜欢的老师。吴非教授说，教师读书是关系到教育成败的大事。教师不读书，就没有教育思想，就没有教育信念，就没有教育思考，就没有教育智慧，就没有教育活力，就没有教育创新，一句话，就没有教育生命。教师是天生的职业学习者，是天生的职业读书人。教师只有活到老、学到老，用到老。才能一辈子"站直了"教书。

我国著名教育专家朱永新教授在 2003 年全国"两会"期间，提出一个设立我国"读书节"，受到两会代表的广泛关注。他倡导教师必须读"一百本书"的目标，他说：假如，我们的教师都有一些值得一读的好书；假如，我们的教师利用一切可以利用的时间和精力，为丰富自己而不断地读书；假如，我们的教师能够把读书看成是提高生命质量的途径；假如，我们的教师能够边读书，边思考，那样，我们的教师生活就充实了，精神就丰满了，心灵就净化了，生命就有价值了，人生就有意义了。

（二）乐于反思

真正的学习并不是一个人关起门来苦读，或如古人那样需要悬梁刺股读死书和死读书。真正的学习应该学会借助于有效的表达和倾听，他能很好地表达自己的想法，并以开放的心态容纳别人的想法。他经常会自问和反思 "为什么"，理性的分析并得出结论，然后他会和别人充分地交流，并对于不同于自己的观点报宽容和尊重的态度。

做有思想的教师，要求教师经常反省自己。美国心理学家波斯纳曾提出教师的成长公式是 "经验 + 反思 = 成长"，我国著名心理学家林崇德也提出 "优秀教师 = 教学过程 + 反思" 的成长公式。

什么是反思？李镇西老师诠释得非常好："同样两个大学毕业生分到学校工作，同样兢兢业业地上班，三年后，其中一个无甚进步，最多就是所教学生考上了高一级学校，而另一位教师却硕果累累，什么原因呢？原因就在于，前者每一天的兢兢业业都是盲目而麻木地工作，他表面上工作了三年，其实只工作了一天，因为他每天都在重复昨天的故事；而后者则的的确确工作了三年，他每一天都带着一颗思考的大脑在工作。这就是反思型教师。所谓反思，不仅仅是 '想'，而是一种教育的状态，就是不断调整、改进、提升自己教育品质的行为。具体地说，即 '四个不停'：不停地实践，不停地阅读，不停地思考，不停地创新。"

（三）积极实践

随着科学技术的迅猛发展，知识经济出现，人们对知识的认识发生根本性的变化，传统的知识概念和知识观已不能适应知识经济发展的需要。1996 年，世界经济与合作组织（OECD）在《知识为基础的经济》报告中，把知识分为四种类型：知道是什么的知识，即关于事实方面的知识；知道为什么的知识，即关于自然原理和规律的知识；知道怎样做的知识，即关于做事情的技巧、诀窍等方面的知识；知道是谁的知识，即关于谁知道和谁知道做某些事的信息。这四种类型的知识按照个体素质结构由表及里可分为四个层次，第一层，信息性知识，即事实性和陈述性知识，主要回答"是什么"的问题；第二层，思想方法性知识，是解决问题的思想和方法；第三层，经验性知识，是亲身经历或体验到的经验性知识；第四层，是技能，是在反复的实践中形成的技能，是能达到自动化程度的知识。由此可知，当今时代知识概念的内涵与外延大大地丰富和拓展了，传统的满足于事实性知识和陈述性知识的学习方法，满足于课堂和课本的学习方式，已经远远不能适应时代的要求，新的知识结构的构建需要更为广阔的空间和多样的途径，而实践能为教师学习知识提供背景和条件。

教师在教育教学实践中可以培养具有敏锐感受、准确判断生成和变动过程中可能出现的新问题的能力；具有把握教育时机、转化教育矛盾和冲突的能力；具有根据对象实际和面临的情境及时作出决策和选择、调节教育行为能力。每位教师都必须具备自我发展、自我完善的能力，不断地提高自我素质，不断地接受新知识和新技术，不断更新自己的教育观念、专业知识和能力结构，以使自己的教育观念、知识体系和教学方法等跟上时代的变化，提高自己对教育和学科最新发展的了解。教师自己也需要端正态度，不断进行学习，更新自己的知识体系，培养自己各方面的能力。

教师还需要积极参加社会实践，可以了解许多知识发生、发展及应用的过程及条件，加深对间接知识的理解和把握。而直接经验和知识的获得是需要通过人自己的感观对客观外界的感觉直接得到的，这个过程就是实践活动的过程。实践是教师完善知识结构的主要步骤。我们知道一般人的学习主要学习两类知识，即间接知识和直接知识，而通过书本学是间接知识，即是已有的、是概括的系统化了的知识。这类知识是前人在反复实践的基础上获得的认识成果的结晶，是在实践基础上产生的，要正确地把握和深刻地理解间接知识同样离不开实践，正如毛泽东同志在《实践论》中指出的那样："强调理论对于实践的依赖关系，理论的基础是实践，又转过来为实践服务。判定认识或理论是否正确，不是依主观上觉得如何而定，而是依客观上社会实践的结果如何而定。"

学会学习无疑是艰苦的，也是快乐的。因为学习使人自强，让人发展，教人创新。教师要务实求真，成为热爱学习、学会学习和终身学习的楷模。并将所学知识充分应用于教学实践，以人为本，尊重学生个性，引导和启发学生自主学习，鼓励学生学会思考，学会自我增长和应用知识，学会怀疑和创新，"学然后知不足，教然后知困"。教学过程既是教师教育学生的过程，也是教师自我教育的过程，教师在教与学之间循环发展。

教师在开始进行教学时就要具备为教育事业的执著之心，要站得高，看得远，立志高远。要甘于寂寞吃苦，不怕任何艰难险阻，准备牺牲自己的一切而无悔无怨，踏踏实实的努力实践，一步一个脚印地前进。最后才能达到通过自己不懈的努力，通过大量的自主学习，不断积累、碰撞、总结、反思、消化，最终走向优秀教师的成长发展之道路，并成为教育家。

## 第三节 信息技术与学科教学的有机结合

传统的课堂教学模式是典型的"以教师为中心"的模式。在这种模式下，教师是教学活动的中心，是教学的主导，是知识的灌输者，学生是灌输对象，是被动的外部刺激的接受者。很显然，这与现代社会对人才培养的要求是不相符的，这种模式担负不了培养高素质、有创造性人才的重担。而新一轮基础教育课程改革以全新的理念挑战了原有的课程与教学传统，对教师提出了变革课堂教学实践方式、创造性地实施新课程的总要求。作为一名教育工作者，充分学习新课程思想，感悟新课程思想赋予学科教学的新内涵，对常规教学的课程内容及自身教学实际做出反思和调整是极其必要的。在近年来的学习和听课调研中，笔者认为，信息技术为各科教师创造性地实施新课程开辟了广阔的天地，更突显了信息技术的应用价值。

### 一、新课程思想对教学的新要求

当代科技发展突飞猛进，信息技术走进了我们生活的每个角落。随着第八次新课程改革的强势推进，以往陈旧的教学方法与手段已不能适应目前的课堂教学的需要，要想改变课程内容"繁、难、偏、旧"和过于注重书本知识的现状，就必须加强课程内容与学生课堂生活、现代生活和技术发展发生联系，现代课堂教学其实是现代生活的一个缩影，作为一种应用于教学的特殊手段，信息技术有适应多门学科的特点，也就是说信息技术能够就各门学科自身的特点进行有机的整合。

## 二、信息技术与学科课程整合对教育教学有不可估量的价值

（一）有利于创设符合课堂特点的情境，达到语言与情境的融合。

如，在语文教学中在《观潮》一课时，通过多媒体的演示，使学生知潮声，深刻体验"闷雷"、"越来越大"、"山崩地裂"，理解钱塘大潮其震耳欲聋，声势之大动人心魄；见潮形"一条白线"、"拉长变粗"、"白色城墙"、"白色战马"的整个形状演变过程，使学生身临其境地体验后浪涌前浪，一排浪花刚过另一排浪紧跟，水势之大，速度之快，给人以势不可挡之感。

又如，在英语教学中，在以往的口语与对话的教学过程中，我们主要的教学手段是在教师提供了一定教学任务的前提下，让学生对学习任务进行感知与机械模仿，然后分组或分角色进行表演，尽管我们一直强调语境，但我们最终也不可能达到这一目的。就语言本身而言，它不可能是空中楼阁，它是我们在日常生活中情感的流露、信息的传递，在不同的场合、不同的情绪、不同的天气环境等，我们会运用不同的词汇、不同的语调进行语言交流。如果我们运用信息技术三维动画的制作，创设符合语言教

学要求特点的情境，再配上反映教学内容的语音对话，就会达到情境与语言的有机结合，从而使学生"对所听到与所看到的信息作出及时、恰当的反应"。传统的口语教学之所以成为英语教学的薄弱环节，最主要的原因就是音与境的脱节，学生觉得非常枯燥乏味，这也就是"哑巴英语"的成因，信息技术与口语教学的整合是解决"哑巴英语"最为有效的途径。

（二）能够有效地辅助教师突破知识的难点与关键，提高教学效率。

就数学学科而言，《新课程标准》强调要高度重视信息技术对数学课程的影响，指出数学教学应不仅重视利用信息技术来呈现课程内容，更应重视信息技术与课程内容的有机整合。因此新课程要求信息技术融化到数学教学的深层结构，融入数学教学的知识体系，要成为传播数学教学内容的最佳工具和学生探究知识、体验数学、感受知识的中介。

如，在数学教学"长方体的认识"一课时，充分发挥多媒体计算机的辅助教学功能，利用多媒体演示：屏幕上先出现6个长方形，再慢慢围成一个长方体，并将围成的长方体旋转一周。然后依次抽出长方体的后面、下面、左面分别同它们的对面比较，使学生直观、形象地看到长方体相对的面完全相同。通过直观、形象、动态地展现知识的形成过程，使用实物演示有困难的地方，通过自行设计电脑软件，原来实物不好展示的部分得到充分展示，从而有效地突破了教学中的难点，提高了课堂教学效率。

（三）能够调用大量信息资源，有利于教师开发课程资源，拓宽学生视野。

如，在语文教学中经常会涉及一些作者或作品的介绍，相关的解读，学生受自然条件限制无法了解的情况，这时网络资源魅力就不得不让人折服，在教学《草原》一课时，由于身在山城本溪的孩子对草原的生活十分陌生，就利用互连网调用网上有关草原的信息资源，不仅了解了草原的风俗民情，而且声情并茂地再现了草原的风光，这样学生就由古老的听草原变成了看草原、体验草原。

英语课堂教学尤其如此，新课程标准对语言技能、语言知识、情感态度、学习策略和文化意识等五个方面分别提出了要求，这就要求我们在正常的课堂教学中除了"合理有效地使用教科书以外，还应该积极利用其他课程资源，特别是广播影视节目、录音、录像资料、直观教具和实物、多媒体光盘资料、各种形式的网络资源、报刊杂志等等"，这些资源最佳运用的形式即是信息技术应用于课堂教学。就英语这门学科而言，在以往的课堂教学模式中，我们所采用的方式主要是通过卡片呈现所教词汇的形，通过听录音或教师领读来教词汇的音，通过教师讲解来了解词汇的义，不可能达到音、形、义的有机统一，尽管我们主观上想运用一切手段来达到更为直观的效果，但终究逃脱不了机械的模式。但是如果我们利用多媒体技术，就完全可以达到图、文、音、动画相互结合的效果，让学生"记忆和理解更为轻松"。这在教授某些抽象概念的词汇时更能显示出其独有的优势。

（四）对学生发现规律或提高阅读与写作的能力更具非凡的魅力。

如，在数学学习中，学生可以利用 Excel 进行大量的数据处理，提高计算效率，从而节省更多的时间来探索数学规律。

又如，在语文和英语习作与评改作文时，通过网上浏览作品，查找优秀作品资源、词汇资源等，教师和同学间交流作品、互相评改作品，会更有效地提高学生搜集信息、积累信息以及阅读、分析与写作的能力，会起到事半功倍的作用。

尤其在英语阅读教学的时候，往往对所运用材料的相关背景进行介绍，我们常用的方法基于课堂时间因素，不可能非常详细，学生的理解是非常肤浅的，如果我们运用信息技术从网上提取众多相关信息，供学生快速阅读，这必将有助于学生对目的任务的进一步理解，同时对于提高学生的阅读能力也有一定的帮助。布鲁纳认为"学习者应通过自身努力获得学习结果"，学生自己一旦掌握信息技术，就可以在一定的区域内运用 BBC 讨论区、网上英语角、"在线论坛"等方式进行交流。作为教学的组织者自然可以引导学生运用所学的语言知识进行相互间的交流，一改以往任务式的写作训练，从而最大限度地调动了学生写作积极性，增强学生的写作意义，提高他们的语言笔头应用能力。

仔细分析新课标的要求，对照当前的课堂教学，用信息技术体现学科教学中的新课程思想，既是顺水推舟，又是势在必行。

## 三、信息技术与学科课程整合需要做的工作

而要将信息技术应用于学科教学，真正做到信息技术与学科

教学的整合并非易事，它需要我们做好以下几个方面的工作：

（一）努力提高自己驾驭现代信息技术的能力

现代信息技术以其独特的魅力走进我们的生活、走进我们的教育世界，我们要想充分发挥它对我们教育教学工作的巨大价值，就必须加强学习，努力掌握驾驭现代信息技术的技能，这样在网络信息的海洋中泛舟才能不失航向而又得心应手。

（二）要具有勇于进取、开拓创新的精神

我们必须清醒地认识到，旧的教学体制与方法对教学的制约，明确教育的最终目的，领会课程改革的精神实质，努力改变陈旧古板的教学模式。博采众长，灵活运用各种教学思想与方法和现代教育技术，积极让学生参与教学实践，以人为本，以学生为中心，在实践中体验杜威"教学实践论"的真正含义，摆正应试与素质教育的关系，与时俱进，始终使自己立于不败之地。

（三）具有高度责任意识与强烈的奉献精神

对于新形势课改信息社会化的要求，我们必须具有高度的责任心，必须强化教师主人翁意识。对于当前的课改，没有现成的路子可走，要积极运用信息技术这一有力的工具，为教学之用，要主动牺牲个人休息时间，去搜集与教学有关的材料，创出自己的路子，形成自己的风格。

（四）强化课堂管理，提高自己的组织能力

将信息技术应用于学科教学，学生参与活动，成为活动的主体，必然会产生学生个体与群体活动的次数增多，肯定会在某种程度上影响课堂纪律，这就要求我们精心设计与实施课堂活动，注意各个环节的过渡，充分发挥教师的主导作用，防止出现课堂混乱，学生活动与教学目的偏离，或仍然是教师一言堂教学，走进课改的怪圈。

（五）运用恰当，宁缺勿滥，坚决杜绝作秀

在教学过程中，信息技术的运用，课件素材的选择，必须紧扣教学内容，与教学内容不相干或关系不大的素材坚决不用，要充分认识到信息技术的运用是为教学服务的，是课堂教学的一种更为生动有效的一种教学模式或手段，而不应无端地增加课程的容量，从而冲淡教学中心。手段是为目的服务的，信息技术要恰当地为课程目标服务，绝不能为使用而使用，成为课堂的"秀品"。在选择素材时一定要适度，内容一定要有代表性，不能盲目采用，课堂要给师生留有充分的时间进行交流，从而达到真正意义上的整合。

总之，信息技术作为一种现代的教学手段，为学生的发展，为教师的教学，为最大限度地提高课堂教学效率，提供了最为广阔的空间。作为教育工作者，应积极探索信息技术高效地融合在现代教育教学中的科学之路，从而使现代信息技术在我们现代教育教学中最大限度地发挥其应有的价值。

为·师·授·业·丛·书

# 为师篇：

# 教师终身修养

## 下

高峰 ◎ 编著

中国出版集团
现代出版社

**图书在版编目（CIP）数据**

教师终身修养. 为师篇（下）／高峰编著. —北京：现代出版社，2014.3

ISBN 978-7-5143-2118-0

Ⅰ. ①教… Ⅱ. ①高… Ⅲ. ①教师－修养 Ⅳ. ①G451.6

中国版本图书馆 CIP 数据核字（2014）第 034206 号

| | | |
|---|---|---|
| 作　　者 | 高　峰 | |
| 责任编辑 | 王敬一 | |
| 出版发行 | 现代出版社 | |
| 通讯地址 | 北京市安定门外安华里 504 号 | |
| 邮政编码 | 100011 | |
| 电　　话 | 010－64267325 64245264（传真） | |
| 网　　址 | www.1980xd.com | |
| 电子邮箱 | xiandai@cnpitc.com.cn | |
| 印　　刷 | 唐山富达印务有限公司 | |
| 开　　本 | 710mm×1000mm　1/16 | |
| 印　　张 | 16 | |
| 版　　次 | 2014 年 4 月第 1 版　2023 年 5 月第 3 次印刷 | |
| 书　　号 | ISBN 978-7-5143-2118-0 | |
| 定　　价 | 76.00 元（上下册） | |

# 目　录

## 第五章　提高教师的能力

## 第六章　教师的教学能力

## 第七章　教师的课程开发能力

# 第八章　教师的职业理想和认同感

# 第九章　教师的心理素养

# 第十章　教师应该具有创新能力

# 第五章  提高教师的能力

## 第一节  教师教学能力

### 一、对教师教学能力的认识

教师的教学能力是教师进行高效教学的核心能力。有学者认为，教师的教学能力结构包括具体学科教学能力、一般教学能力和教学认知能力三种。具体由下述几种能力构成：

（一）认识能力，主要表现为敏锐的观察力、丰富的想象力、良好的记忆力，尤其是逻辑思维能力和创造性能力等；

（二）设计能力，主要表现为教学设计能力，包括确定教学目标、分析教材、选择与运用教学策略、实施教学评价的能力等；

（三）传播能力，包括语言表达能力、非语言表达能力、教育技术能力等；

（四）组织能力，主要包括组织教学能力、组织学生进行各种课外活动的能力、组织培养学生优秀集体的能力、思想教育的能力、协调内外部各方面教育力量的能力、组织管理自己的活动的能力等；

（五）交往能力，主要包括在教育教学中的师生交往能力。

根据我们的教学实践与研究，我们认为一个优秀教师不仅有好的素质，好的知识背景，这些与个人先天素质及大学学习有关的因素，还具有一个明显的特征，那就是"脑中有结构，心中有学生"，所谓"脑中有结构"是指教师对所教学科知识结构清晰、完整的认知，"心中有学生"是指教师不仅有很强的学生意识，关注学生的学习过程、学习障碍、还懂得学生认知、心理、情感的发展规律。一个教师只有做到"脑中有结构，心中有学生"，才能使知识的逻辑结构（知识序）与认知的发展（认知序）有机结合设计出合理的教学活动结构（教学序）。教师要达到这样的境界需要在教学实践中逐步探索、积累、完善所教学科的知识结构，需要通过学习、研究和与学生相互交流获得学生认知、情感、态度与价值观方面的知识与体验，需要通过对教学活动的观察、分析，获得学生学习行为、学习效果等方面的认知等。

## 第二节　如何提高教师教学能力

教师被誉为人类灵魂的工程师、辛勤的园丁、无私奉献的红烛。面对这些赞美和敬仰，作为一名教师无疑是自豪的。教学的技能是每个教师的基本素质，如何提高怎样提高教师教学技能则应该注意以下几个方面：

### 一、掌握新理念与新要求

21世纪的教师必须具备创新，要打破以前的教学常规，灵活地运用和处理教材，处理好分科与综合、持续与均衡，增强课程内容与社会生活的联系。改变课程过于注重知识传授的倾向，强调形成积极主动的学习态度，使获得知识与技能的过程成为学会学习和形成正确价值观的过程。改变课程过于强调学科本位，门类过多和缺乏整合的现状，使课程结构具有均衡性、综合性和选择性。改变课程内容繁、难、偏、旧和偏重书本知识的现状，加强课程内容与学生生活以及现代社会、科技发展的联系，关注学生的学习兴趣与经验，精选包括信息技术在内的终身学习必备的基础知识和技能。改变过于强调接受学习，死记硬背、机械训练的现状，倡导学生主动参与、乐于探究、勤于动手，培养学生收集和处理信息的能力，分析和解决问题的能力，以及交流与合作的能力。教会学生新的学习方式，利用课件、设计精美的板书、进行教学活动创新等。

## 二、精彩的教学设计

认真学习教学设计的理论基础，基本模式和教学设计的主要内容。让教师在教育教学中精心设计内容，只有精彩的教学设计，才能吸引学生的注意力，才能让学生真正学到有用的知识和技能。语文课堂教学是语文教学的根基所在，语文课堂教学的源泉来自于语文课堂教学设计。语文教学设计就是语文教师根据正确的教学思想和语文教育原理，按照一定的教学目的和要求，针对具体的教学对象和教材，对语文教学的整个程序及其具体环节、总体结构及其有关层面所做出的预期的行之有效的策划。一个好的教学设计，它能精心安排教学步骤，巧妙设计教学内容，适当使用教学手段，灵活运用教学方法，合理分配教学时间，使教师的教和学生的学相得益彰、和谐融洽。

## 三、学习掌握扎实课堂的教学基本技能

良好的扎实的教学基本技能，是新时代对教师的必须要求。从教学语言到教态变化以及板书设计等都是教师要掌握的基本技

能。实现知识与技能、过程与方法、情感态度与价值观的统一，是教师实施新课程的教学基本技能。改变课程的功能，新课程突出强调了知识与技能、过程与方法、情感态度与价值观三位一体。因此，在课堂教学中，教师要依据基础教育的性质和时代的特点，重新界定新时代的基础知识与基本技能的概念，教会学生掌握终身发展必备的基础知识和基本技能；要关注学生学习的过程与方式，注重学习过程，改变学习方式，让学生学会学习；要在学习的过程中潜移默化地培养学生的健康情感、积极态度和正确的价值观。并将知识与技能、过程与方法、情感态度与价值观体现在课堂教学目标中，贯穿在课堂教学过程中，落实在课堂教学行为中，促进学生全面和谐的发展。

## 四、要关注学生的个体差异

学生差异的类别：

1. 学生智力差异，有先天的差异和后天教育所致。

2. 认知风格或者说学习风格差异。

3. 学习动机差异，有的学生学习目的明确，内驱力强，有的学生不是那么喜欢学习，他们的动机不是那么强烈。

4. 身体素质差异。有强健的身体素质，学生才有充沛的精力来完成学习任务。

5. 生活状况差异。不同的家庭，其经济基础和经济结构及经济来源是不相同的，这对学生的成长是有深刻影响的。

依据学生差异设计练习。教师要设计有层次的练习，使不同水平学生都有收获，这样才能使学生得到差异发展。考虑学生差异不是消极被动的适应学生差异，而要力求学生通过努力完成，而不是带来更大的压力，使每个学生的学习潜能都在原有的基础上得到充分发展，增强学习自信心。

承认学生差异，适度教学评价。评价学生不能单纯的以成绩作指标，要多方面考查学生。

包括知识技能的掌握、独立思考的能力、分解决问题的能力和动手操作的能力等。评价中主张重视学生的学习态度的转变、重视学习过程和体验情况、重视方法和技能的掌握、重视学生之间交流与合作、重视动手实践与解决问题的能力，归根结底是重视学生各种素质，尤其是创新精神和实践能力的发展状况。对学生的评价因人而异，因时而异，因境而异。作出有针对性的、艺术性的评价，采取分层多维的评价方法，是促进学生差异发展的重要前提。

这样才能有助于学生的个性发展，潜能激发。

课堂是一个由教师、学生、教材、环境组成的动态系统，面对新教材，如何创造性地使用，面对着不同的学生，如何使学生全面发展。都是我们要学习和思考的问题。

## 第三节　教师沟通能力

### 一、沟通能力是教师的基本功

现在，学校招聘教师，都要经过理论笔试和操作面试。比如幼儿园招聘教师工作，理论面试题目基本是幼教原理、幼教学科知识以及幼教法规常识。面试的内容是测试应考人员的预设教案能力、徒手执教能力，以及画、弹、唱、跳能力等。通过这种考试招收的新教师，虽然也是百里挑一，但是，当走上岗位却很难施展才能，表现为课堂不出彩，不能得到孩子和家长应有的信任，因为忽略了沟通能力。

沟通能力是老师的必备基本功。

只要留心观察就会发现，身边有很多优秀的教师都具备很强的沟通能力，假如沟通能力欠缺，那么，哪怕你的画、弹、唱、跳功夫再好，你的教学理论知识背得再熟，也很难成为一个让人瞩目的、出色的幼儿教师。分析起来，道理很简单，教师职业的对象是一批活生生的人，教学过程遇到的事情，碰到的问题，千变万化。

教师的沟通能力作用于方方面面：包括与教材沟通。尤其是幼儿园老师没有国家统一编制的教材，需要在众多教材里寻觅，然后，挑出你认为最适合的课程给予学生。使孩子的日常生活与地方的文化、社会时事、季节、气候等相联系。幼儿教育就隐藏在生活的点点滴滴之中。而且，幼儿园都有构建园本课程的任务。与孩子的身心发展、年龄特点、经验爱好、学习特点沟通。生龙活虎的孩子一个个呈现在眼前，你必须在纷繁复杂的因素、信息中寻找最适合的点，这样，你的教学教育才会有效。

　　与课堂上的孩子沟通。课堂是动态的，你没有抓住突发事件作出恰如其分应变的本领，不行。课堂是考验老师沟通能力最显著的地方。与家长沟通。与家长相互了解孩子的表现和发展情况，相互交流教育思想和教育理念，采纳所有家长的意见和建议，实施对班级有效的管理。与教育同伴沟通。沟通能力强，与同伴的交流、切磋才能达到一定的深度和广度，教学理念和技能才能节节攀升。听说，在美国，老师非常重视孩子沟通能力的培养。他们认为一个人的沟通能力不仅关系到自我表达；关系到赢得更多朋友；关系到融入社会；更重要的是，假如你有过人的沟通能力，你就是群体的领袖人物。看来，每个老师都应该是领袖人物。假如，一个班级中，你占了领袖的位置，徒有虚名，起不到领袖的作用，那不是一件很无奈、很尴尬的事情吗？所以，尽管在走进校门时，学校没有对你的沟通能力提出要求，你也要有意训练自己的沟通能力。

　　以下是在报纸上看过的一则小故事，与大家分享，或许，能给您带来一些启发。《最好的沟通者》——作者刘轩（著名作家刘墉之子）。

许多年前父亲对我说过一个真实而且改变他一生的故事：当他在大学念书的时候，有一次代表学校参加救国团办的"社团负责人研习会"。所有参加者都是社团的负责人，即各校的精英。据说研习会中竞争最激烈的是会长的选举。会长有可能会成为未来全国活动的领袖。我父亲也参加了会长的竞选，并且跟其他十几位参选者一样，事先准备了竞选的讲稿。抽签上台，他抽到了最后一号，大家都说这是最倒霉的，因为自己的政见可能全被别人说完了。果然，每个学校的代表都讲得头头是道，他们确实说出了各种好的点子，也强调了自己的长处。轮到父亲发言，他居然把原来准备的讲稿扔了。空手上台，利用他"强记"的功夫，把前面十几个人政见的重点一一提出来。每提一项，他都向着那个人，表示敬意，表示他十分钦佩那个人的观点。他甚至说出了每个人的名字。原来，当大家都低头复习自己讲稿的时候，他却十分专注地听每个人的政见。直到最后，他才加以统合，说出他自己的看法，并强调他的能力不比别人强，靠的只是为大家服务的热忱。投票结果，我父亲当选了。他的发言证明了自己记忆分析的能力，使每个人都有被尊重的感觉。在这个社会上，那些能力特强、个性特强、显然占上风的人，往往不见得是最好的沟通者。最好的沟通者，不是最强的否定者、破坏者，而是最好的肯定者、建设者。他能在两个完全相反的看法中，找到一个小小的共同点，然后强调那一点、赞美对方的那一点，再一步步把自己的观点推销出去。

## 二、如何提高教师的沟通能力

教师从事的是以人为对象的工作，开放的个性和较强的人际交往能力，是教师职业的又一必备素质。

优秀教师都具备了很强的亲和力和凝聚力，能营造利于工作开展和学生成长的良好人际关系氛围。首先他们善于与学生交际，建立民主、和谐的师生关系，成为学生可亲、可敬、可信的朋友。他们深知：师生关系是教育大厦的基石，它不仅是教育实施的背景条件，而且其本身就是一种潜在的教育。师生间的和谐、融洽、交流和互动，带来的是质量高、有活力的教育，而师生的疏离、隔膜乃至对立、对抗，则无疑是教育的大障碍，这种关系下不仅教学效果大打折扣，而且学生人格成长也要受到负面影响。因此，优秀教师通常都把建设良好师生关系作为一个重要的工作部分。其次，优秀老师们虽不刻意研究"关系学"，却总能较好地处理与同事、与领导、与外界的关系，不为人际矛盾所困扰，并设法从周边关系中寻求帮助和理解，寻求学习与进步的机会。良好的人际关系是以健康心理品质为基础的，概括起来主要有以下几点：

1. 真诚质朴，一是一、二是二，不虚假，不矫饰。不论对成年的同事还是未成年的学生，都真诚相见，以心换心。如果被学生的难题问倒，就承认已被"问倒"，并投入与学生的共同研究中。

2. 敞开胸襟，乐于交流沟通，不孤芳自赏，不自我封闭。向学生敞开胸襟，与他们亲密交往，平等对话，真诚交流，直至心心相印。同事之间、上下级之间坦诚相对，相互沟通，相互扶持。与同事反复交流切磋，通过学术活动或信函直接与国内大师对话，如向叶圣陶、吕叔湘等请教，从中得到教益，才能创出独具特色的教学模式。

3. 豁达大度，宽以待人，不斤斤计较，不"同行相轻"。要开阔心胸就要"念人之功，容人之过，学人之长，补己之短。"少一点自为我中心，多点换位思维，使自己达到高境界的博大与豁达。魏书生老师总爱从历史长河、宇宙空间和广大时空上思考问题，不仅自己追求长远和广阔，而且通过"30 年以后的班会"、"站在月球上所想到的"等主题，引导学生突破狭隘。他说，要让自己有一点"两岸猿声啼不住，轻舟已过万重山"的超脱，不能陷入自私、狭隘、庸俗的泥潭。以这样的胸怀待人处事，还会有什么障碍不能逾越，什么矛盾不能化解呢？"得失塞翁马，襟怀孺子牛""宠辱不惊，看庭前花开花落；去留无意，望天上云卷云舒"不为利益得失、矛盾纷争所困扰，才能全力以赴投入教育事业，创出优秀的工作业绩。

现在许多教师被神圣的责任感与使命感驱使，他们埋头苦干，压力与困惑时刻缠绕着他们，忽略了自身交往能力的培养和提高，以至于情绪低落、情感木然、目光短浅、态度粗暴、行为恶劣，最终一切结果事与愿违。这样一来会给教师一种不良的，甚至很糟糕的心理体验，使人感到自尊心受损而失去自信，更大的压力与困惑接踵而来。不仅工作的积极性和兴趣受到压抑，其身心健康和工作效率也会直接受到威胁。教师如何排除心理障碍，以健康的心态与人坦诚相待，乐于交流沟通？首先教师要有一个健康的心理：

（1）能积极地悦纳自我——即真正了解、正确评价、乐于接受并喜欢自己。承认人是有个体差异的，允许自己不如别人。

（2）有良好的教育认知水平——能面对现实并积极地去适应环境与教育工作要求。例如，具有敏锐的观察力及客观了解学生的能力；具有获取信息、适宜地传递信息和有效运用信息的能力；具有创造性地进行教育教学活动的能力。

（3）热爱教师职业，积极地爱——能从爱的教育中获得自我安慰与自我实现，从有成效的教育教学中得到成就感。

（4）具有稳定而积极的教育心境——教师的教育心理环境是否稳定、乐观、积极，将影响教师整个心理状态及行为，也关系到教育教学的工作效果。

（5）能自我控制各种情绪与情感——繁重艰巨的教育工作要求教师有良好的、坚强的意志品质，即教学工作中明确目的性和坚定性；处理问题时决策的果断性和坚持性；面对矛盾沉着冷静的自制力，以及给予爱和接受爱的能力。

（6）和谐的教育人际关系——有健全的人格，在交往中能与他人和谐相处，积极态度（如尊重、真诚、羡慕、信任、赞美等）多于消极态度（如畏惧、多疑、嫉妒、憎恶等）。

（7）能适应和改造教育环境——能适应当前发展、改革与创新的教育环境，为积极改造不良教育环境、提高教学质量献计献策。

其次，现代教师要学会自我调节心理压力：

换位思考认同法——正确认知压力，灵活调整自己的心态。例如，当你遇到认为不公平的生活事件或不协调的人际关系，以及不愉快的情感体验时能换位思考。

推移时间遗忘法———有时时间是解决问题的最好方法。积极忘记过去的、眼前的不愉快，随时修正自己的认知观念。不要让痛苦的过去牵制住你的未来。

顺其自然自我解脱法——学会自我放松，在适当的情况下想说便说（找自己信得过的人），想休息便休息（劳逸结合），想娱乐便娱乐（自我发泄）……实在不想做事时可暂时放下，不追求十全十美（追求卓越并非追求完美）。

注重过程淡化功利法——建立合理的、客观的自我期望值。例如，对待学历、职称、职务、乃至人生，都应注重努力的过程而淡化结果。需注意两点：一是你的奋斗目标要合理；二是有时做事可往最坏处着想，向最好处努力。

众人面前理智法——在众人面前最好多观察、思考，少盲目表现自己。人人都会有这样的心理体验：当自己在众人面前盲目表现之后，却后悔自己的言行举止有损自己的形象而忧心忡忡。

更新环境自我调节法——在压力太大、心情不佳时变换一下环境。例如室外观景、室内养花、美好事物的想象、恐怖事件的回避（耳不听、眼不见、心不烦）。

音乐与生理保健法——各种声音通过耳朵被人感受，如他人的赞扬声、指责声、议论声、谩骂声等都会影响你的心态，因此，你可以多听一些优美的音乐，以缓解不愉快的心情。养成良好的生活与自我保健行为习惯极为重要。同时，创造和谐的家庭氛围更不容忽视。

自信自主激励法——即相信自己是最好的、最可以依赖的。每桩伟业都是由信心开始。你要知道你所遇到的问题、压力和挫折别人同样也会遇到，只是时间早晚而已。因此，别人能正视并勇敢面对的事，你如果想做，通过努力你也能做到。就算你没有成功，至少可以一搏，以防后悔。关键在于：机会对人是均等的，只有在准备中等待机会，才能善于抓住机会。所以，教师要自我安慰、自我激励、自我控制情绪、自我积极心理暗示，挖掘自己的潜能，培养并有效地展示自己的优势，走出属于自己的路。此外，得与失贯穿于人一生之中循环往复，关键在于你的态度和价值取向。如果你能把困难和压力视为成功的前兆，使逆境成为成功的垫脚石，将危机当作机遇的起点，那么，你就能积极看待人生的苦恼。还有，你所承担的任务或你正在从事的工作，在你的心目中一定是最重要的。因此，千万不要与现实的工作和生活对抗，而是尽力保持平静的心情。相信，只要教师拥有一个健康的心态，随时随地调整心态，用豁达的胸襟对待一切事物，他（她）就一定能成为一名人际关系最好的优秀教师。

如何提高教师与学生之间的沟通能力呢？

沟通不仅是一种艺术，更是一把金钥匙，它能开启师生心灵之间的真诚和信任，有利于建立良好的师生关系，产生满意的教学效果。中国教育学会会长顾明远说过："教师特别需要学习怎样与学生沟通，怎样处理好师生关系。我认为这是当前教育实践中十分重要的问题。"为了确保师生之间的正确交往，在教育活动中掌握好节奏和分寸，教师必须具备沟通才能。应该重视下列几个方面：

一是明确自己是社会所信托的角色并承担其责任，同时教师不应该炫示自己教育者的地位。对学生而言，教师的言行应该是信念的流露。教师的诚意是与受教育者牢固联系的保证。

二是在与学生交往中，教师应牢记：学校是服务于国家的机构，教师对学生的态度必须表达社会的要求。

三是为了互动顺利进行，教师必须符合实际的评价自己的个性，加强对自己情绪的控制，避免用刺激的口吻对学生说话。

四是教师必须提高观察力、想象力、情绪状态下的判断力、行为的表达能力，并从学生、家长、同事等角度，以他们的观点来看待问题。

五是师生相互尊重，要让学生看到自己的学识和能力，但不能过分炫耀自己。

六是加强与学生的交往，鼓励课堂的师生交流。

七是不能过分抱怨学生。作为一名教师，更不能随便"告状"，或企图通过家长来"镇压"学生，只有当教师表现出真诚关心，才能真正争取家长的配合。

八是要多表扬学生。表扬应该面向整个班级，而批评则应在单独场所。

教师对学生多一份沟通，学生就多一份关爱，心灵间的距离就会拉近，就会共同奏响优美动听的旋律。每个校园班级就都能构建出和谐愉快的师生关系。

# 第六章　教师的教学能力

　　教师教学监控能力是教师素质构成的核心要素，提高教师教学监控能力，是提高教师素质的关键。这种能力主要包括：一、教师对自己教学活动的事先计划安排；二、对自己实际教学活动进行有意识的监察、评价和反馈；三、对自己的教学活动进行调节、矫正和有意识的自我控制。

　　学校中的大部分活动，尤其是课堂教学活动，主要是在教师的组织下开展的，教师既是教学活动的组织者，又是教育目的的实现者。目前学校教育的出发点和目标是实施素质教育，促进学生整体素质的全面发展，而素质教育的实施、教育目标的实现则要依靠高素质的教师。教师素质是由教师的知识水平、人格特质、教育观、教学风格、教学监控能力以及教学策略和行为等多种成分构成的综合概念。在这些成分中，教学监控能力是构成教师素质的核心要素，它对教师的教学行为起着调节和控制的作用，决定着教师教学的成败。

### 第一节　教师课堂教学监控能力的构成

教学过程是一个系统结构，它包括明确目标、分析教材、了解学生、设计课程、进行教学和评估反馈等步骤，教师则是这个教学过程的设计者和操作者。在一定意义上说，教师的作用就在于使教学过程顺利进行，而教学过程的顺利进行、教学目的的实现，在很大程度上取决于教师是否具有良好的课堂教学监控能力。教学监控能力是指教师为了保证教学的成功，达到预期的教学目标，而在教学的全过程中，将教学活动本身作为意识作用的对象，不断对其进行积极、主动的计划、检查、评价、反馈、控制和调节的能力。这种能力主要包括三大方面：一是教师对自己教学活动的事先计划与安排，包括明确教学目标、分析教材、了解学生状况、设计课程等方面；二是对自己实际教学活动进行有意识的监察、评价和反馈，即教师能客观地认识和评价自己的教学活动及教学效果；三是对自己的教学活动进行调节、校正和有意识的自我控制，在教学成功的基础上提出新的任务，或者查找教学失败的原因，确定改进措施。在最近的有关研究中，研究者对课堂教学监控能力的结构进行了验证性研究，将其确定为四个成分：计划性与准备性、反馈性与评价性、控制与调节性和课后反省性。

一、课前的计划与准备性是教学监控的前提。它是指在课堂教学之前，明确所教课程的内容、学生的兴趣和需要、学生的原有知识水平、教学目标、教学任务以及教学策略，并预测教学中可能出现的问题与可能的教学效果。教师在课堂教学中信息传达的清晰性，以及为学生提供适当的反馈以澄清含糊与清除误解的程度，往往取决于教师对自己所教课程内容是否真正掌握和教师自身在知识水平上的准备程度；另外，了解学生的发展水平、学习状况及动机等影响学习的诸多变量，不仅有助于教师对教学的全面安排，适合大多数学生的学习需要，还使教学适应学生的个别差异，更能成功地提高学生的成绩。

二、课堂的反馈与评价性是教学监控能力的基础。它是指教师对课堂教学过程中"问题性"的敏感程度以及对所发现问题的解释与分析。所谓敏感性，通常指一个人对某事物的出现或某事件的发生、变化及时作出反应的能力，教师对课堂教学中出现的问题的这种反应能力或敏感性是影响教学效果的一个主要因素。良好的课堂教学监控能力要求教师不断获取教学活动各要素变化的各个方面和环节，表现出很强的评价与反馈能力，而且这种评价和反馈必须保持客观性。这种能力直接影响到教师是否能客观地理解要传授给学生的内容，需要有细微区别，要适应学生的个体差异，而且教师只有能够较好地控制对发生之事的情绪参与，避免主观随意性的诱惑，他才有可能增强与学生进行信息双向交流的能力。课堂的反馈与评价是贯穿于教学过程的始终的，每一次的评价和反馈都对以后的过程产生影响，因而教师的教学监控过程都是从他对教学活动的反思、评价与反馈开始的。

三、课堂的控制与调节性是教学监控能力的目的。教学监控能力的根本作用就在于它使教师能够根据反馈回来的教学信息和预期的教学目的有意识地、自觉地对自己的教学活动进行调节和修正，使之达到最佳效果，从而最大限度地促进学生的发展。在课堂教学活动中，教师对自己的教学过程的调控行为，如教学目标的确立、自身努力程度的调节、教学方法与教学策略的选择、课堂教学时间的利用、教学步骤的安排、教学计划的执行、教学效果的检查和分析、补救措施的采取等，实质上都是教师根据获取的有关信息和已有的知识经验，对自己的教学过程中的某个或某些环节所进行的调节活动。

从现代系统论的角度分析，教学活动是一个极其复杂的系统，其中存在着许多相互联系、相互影响的因素，既包括教师主体方面的因素（如智力水平、能力、知识水平、行为风格与习惯、动机水平、情绪状态、个性特征、身体状况等），又包括教学环境方面的因素（如教学任务、教学材料、教学场所、时间等物理环境因素和同事、领导、学生家庭背景、社区文化等社会环境因素），在实际的教学活动中，尽管这些因素的影响角度和程度因具体情况而各不相同，但它们无疑都会影响到教学活动进行的质量和完成的效果。也就是说，教学活动是在以上教学活动系统中所有因素的交互作用与共同影响下产生、进行和完成的，其进行和完成的效率高低、效果好坏直接取决于这些因素是否合理、有效、协调地发挥出积极作用，因而这就要求教师在教学过程中不断地对教学活动中的各有关因素进行积极、主动、科学合理的调节、控制，从而使它们协调一致地对教学活动起积极的推动、促进作用，而不是消极的阻碍、破坏作用，最终使教学活动得以顺利进行，取得最佳效果。

四、课后的反省性。指教师对已上过的课进行回顾和评价，仔细分析自己在哪些方面取得成功，在哪些方面还有待改进，分析自己的教学是否适合于学生的实际水平，是否能有效地促进学生的发展。课后反省性要求教师必须能够具有一定水平的自我意识，将自己的教学活动作为一种独立的外在客体来看待，审视和检查自己教学活动的过程与效果。课后反省的结果可以作为反映教学进程的新信息直接影响到下一步教学活动的进行，成为随后教学活动及相应课堂教学监控行为的前提和基础。

从以上的阐述我们可以发现教师教学监控能力的四个成分实际上是从教学监控的全过程来区分的，是一种循环变化的动态过程。

## 第二节　教师教学监控能力的作用

### 一、教学监控水平对教学活动及其效果有重要的影响

通过对高水平教师和低水平教师的教学活动及其教学效果的比较，发现他们在教学监控能力方面存在着一定的差距。教学水

平高的教师能充分考虑教学中的各相关要素，并根据教学目标和学生的实际情况，制定科学合理的教学计划，灵活地运用各种教学策略。同时，能在教学活动中不断地进行自我反馈和评价，及时发现问题并作出相应的调整，从而提高教学活动的效率和效果，以达到既定的教学目标，表现出较高的教学监控能力。课堂教学水平低的教师则正好相反，表现出较低的教学监控能力。因此，在具备一定的学科知识之后，教学监控能力就成为影响教师教学效果的关键因素。

**二、教学监控能力的培养是成为"专家型教师"的有效途径**

"专家型教师"的一个基本特征就是他们具有丰富的组织化的专门知识（包括学科知识、教育学知识和教育实践知识），并能有效运用，即"专家型教师"具有较高的教学监控能力。专家型教师能考虑教学的内容、过程和学生的需要，而且也能够根据学生的知识背景和经验，有意识地对教什么和怎样教作出选择。教学监控能力培养的实质就在于培养教师对整个教学活动的自觉意识、自我评估的习惯和能力，以及自我调整的方法和技能。将教学过程中的各要素有序、优化地安排，随时对所存在的问题进行积极主动的评价和反馈，并对其进行控制和调节，从而实现教学目标。

**三、教师课堂教学监控能力的培养**

由于教师一般都具备了相应的学科知识，达到了一定的智力水平，教师教学监控能力的差异就成为影响教学效果的重要因素。教师在教学现状中所存在的问题常常是与教师课堂教学监控能力联系在一起的，如缺乏课前计划与准备，导致教案设计无的放矢，课堂教学不能适合于学生的实际学习水平；缺乏课堂反馈，导致师生之间的信息交流贫乏，教师上课随意性强，而不能客观地认识到学生的实际学习状况；缺乏课堂控制调节，导致教师不能按照实际教学情况调整教学的进度、教学方法和策略等，从而使教学过程达不到预期目的；缺乏课后反省，导致教师的自我效能感差，不能正确、客观地审视和评价自己的教学活动的过程及效果等等。

很显然，造成这些问题的根本原因是教师的课堂教学监控能力问题。然而教学监控能力并不是先天形成的，而是在长期的教学活动中逐渐形成和发展起来的。有关研究表明，教师的教龄是影响其教学监控能力发展的重要因素，随着教龄的增长，教学监控能力会不断提高。这一发现证明教师教学监控能力的培养不仅是可能的，而且也是必须的。

教师的课堂教学监控能力是在教学活动中不断发展和完善的，因而培养和提高教师的课堂教学监控能力也需要结合教学实践来进行。主要的培养方法有以下几个方面：

(一) 增强教师的教学效能感

观念是个体一生中作出决定的最好指标。教师的观念影响着他们的知觉、判断，进而又影响着他们的课堂行为。近来的一些研究者认为，教师的教学监控能力必然受到其教育观念的影响。

教育观念包括教师对教学的态度、对教学成败的归因以及自我知觉和教学效能感。教学效能感是教师对自己能否胜任教学活动的自信程度，研究表明，教师对班级的态度、对自己教学能力的知觉及其对教学成败的努力与任务归因等，是通过教学效能感来影响其教学监控能力的，而教师对教学成败的努力与能力归因以及其能力知觉是通过教师的努力知觉影响到其教学监控能力的。因而要通过改变教师的教学观念来培养和提高教师的教学监控能力，改变教师的教学效能感和他们的努力知觉是一条有效的途径。

（二）教学策略训练

许多教育学和心理学研究表明，教师教学方法不当的一个重要原因是教师缺乏正确的教育方法，不知道科学、合理的教学策略是什么，因而我们可以通过教学策略训练，使授课教师了解科学的教学方法的教学策略，为其掌握教学策略，提高教学水平奠定基础。一般来说，可以通过专家讲座和观摩课等方式进行教学策略训练，教给个体一些具体教学策略，对授课教师直接进行教学策略培训，以达到改变认知，提高教学监控能力的目的。

直接进行教学策略培训的内容应包括：

1. 教学策略是什么，描述教学策略的关键点和已知的特征，或指出策略的含义；

2. 为什么进行教学策略的培训，解释教学策略的目的和作用；

3. 如何进行教学策略学习，将教学策略加以分解，尽可能清楚地解释教学策略的每一种成分和各成分之间的关系；

4．何时何地运用教学策略，指出教学策略的适用条件，并举例说明一些不适用于教学策略运用的情况。

5．如何评价教学策略的运用情况，了解如何对教学策略运用的成功与否做出评价，并指出建议和补救策略。

（三）教学反馈

正确地评价自己的教学效果和学生的学习现状，这是教师形成教学监控能力的基础。通过教学反馈这种方式，可以促使教师更客观地认识和评价自己的教学过程的教学效果，培养其自我评价的习惯和能力。具体而言，授课教师可以通过录音、录像等电教技术进行自我反省式反馈，对自己教学的各个环节有一个准确而客观的认识；教师之间相互听课、彼此交流，进行同行探讨式反馈，请听课教师指出课堂教学中的不恰当内容、遗漏，帮助鉴别讲课过程中的关键点；请教育学、心理学专家来听课，进行专家诊断式反馈，对授课教师在教学过程中表现出来的问题进行分析和归纳并帮助教师认识到问题的存在和原因等等。

（四）现场指导

现场指导实际上是给予教师实践课堂教学监控活动的充分机会，使其有机会接触以下活动：决定教学的目的、规划教学活动的进程、获得必要的信息和资料、选择适宜的方法、评价自己的进步等等。进行这些活动，有助于使授课教师更好地体会教学的方法和手段。在授课教师进行教学实践的同时，由其他人到课堂上对其进行随堂指导，把握其教学情况的第一手资料，以对课堂教学中出现的问题对症下药。现场指导一般包括三种方式：教务处、教研室成员不定期深入课堂了解情况，有针对性地对授课教师进行临堂指导；邀请教学专家来校听课，进行专家指导；设公开课，鼓励教师之间相互听课，进行同行之间相互指导。通过现场指导，帮助授课教师针对不同的教学情境选用最佳的教学策略，以达到最佳的教学效果，使授课教师最终能达到对课堂教学的有效调节和控制，这也是培养教师教学监控能力的根本目的。

课堂教学监控能力的培养，实质是培养教师教学的自觉意识，培养教师对教学活动自我评价的习惯和能力，以及培养教师对教学过程进行修正和控制的方法和技能。但课堂教学监控能力的培养和提高不可能一蹴而就，而是逐步提高，由表及里，由他控到自控的渐进过程，因而只有在丰富的教学活动中学习、锻炼、内化，教师的课堂教学监控能力才能循序渐进，逐步提高，才能更有效地发挥作用，最终达到全面素质教育的教学目标。

## 第三节　优化教学方法

我国 2001 年颁布的《全日制义务教育课程标准（实验稿）》明确地提出了利用和开发课程资源的理念，其实质是要利用一切可以利用的资源为教育教学服务。从开放性和可持续发展的角度来看，这种理念与原来的教学要求和模式相比有了巨大的进步。对于教师来说，就是要求我们把学生放在一个更广阔的天地里，就如同在教室里多装几扇窗子，给学生更多的阳光，给学生更新鲜更自然的空气；对于学生来说，就是把目标从教材移向整个社会和人生。毫无疑问，丰富的教学资源，对学生学习来说无疑是"源头活水"。可是，新课程改革同样使用教材（虽然说是新教材），如果教师没有改变原有的课程观、教材观和教学观，没有重新认识教材的本质和功能，新课程的实施也就只能停留在"旧教材"。新课程要求教师"用教材去教"，而不是"教教材"。因为教材有不同版本，一种教材的内容不等于课程的内容，它只是课程的一种"材料"和"范例"，而教学的主要依据是课程标准，教师应该依据课程标准，利用已有的或可以创造的一切教学资源（包括学生与教师本身），包括对选定的教材进行必要的整合，从而使这些资源更好地适应教师的教学需求和学生的学习需求。

## 一、教学资源整合的本质

广义的教学资源还应该包括教师和学生本身。因此，从本质上讲，对教学资源进行整合的过程可以视为教学职员之间的"对话"和"匹配"的过程。即教师、学生、以及其他教学资源之间的通过"对话"的形式"匹配"成一个"平衡"的教学系统的过程。

（一）作为"对话"的过程

教师对教学资源的整合实际上是通过对教学资源的正确解读，理解课程意义的过程。在这一过程中，教师、资源、学生之间形成了一种真正意义上的"对话"，教师的教学过程就是这三者之间不断"对话"的过程，其中主要是教师与课程目标和教学资源的"对话"。教师一方面要解读课程标准，了解教学资源预设的目的和功能，同时也要结合自己的经验、认识以及具体的教学情境对资源进行取舍和调整。当然，"对话"不仅限于教师与资源之间，学生与资源、教师与学生、学生与学生之间也存在着"对话"空间。教材不是绝对的权威，教师也不是被动的传授者，学生更不是被动接受知识的容器。学生是带着自己已有的知识和经验走进课堂的，教师要善于接纳来自学生的不同见解，倾听他们的不同声音。这样学生才能在课程实施中真正从"边缘"走向"中心"，完善个人的理解，建构自己的知识。

（二）作为"匹配"的过程

教材作为课程资源的核心部分，承载着课程设计者的课程理念。从某种意义上讲，教材是课程改革的"代言人"。但无论教材编写的如何尽善尽美，其内容和结构都蕴含着整齐划一的教学需求，无法满足教学多样化和个性化的需要。教师只有对所拥有的资源进行合理的统筹，对教材有所取舍和调整，才能提高对具体教学情境的适应性——即"匹配"或"适应"。因为课程目标的达成是学生、教师和教学资源相互作用的产物。因此，"匹配"是指资源（包括教材和其他教学资源）、教师（包括教法、个性和教学风格等）、学生（学习基础、方法、风格等）与课程目标之间的匹配，从而形成一个"平衡"教学系统。也就是说，选定的教材本身可能是连贯紧凑的，但不一定完全适合某个具体教学情境的需要；反之教材的结构可能存在某些不协调的方面，但却可能具有更大的适应性，其关键是要合理整合教学的具体资源。

## 二、教学资源整合的目标

在教学资源整合过程中，怎样的整合才是合理的呢？这就需要制定教学资源整合的一系列具体目标。但从教学资源整合的出发点来分析——教学资源不是教学中的规范，而应是为教学服务，特别是为学生的有效学习服务。因此，借助自然生态中的适应性——"适者生存，不适者淘汰"，提出教学生态中教学资源的整合的总体原则是适应性——"适者有效，不适者无效"，即以是否"适应""学生的学习"为判断教学资源整合的有效性。只有这样，才能真正为学生的有效学习服务。在"适应性"这一总体原则的指导下，在资源整合过程中应该实现"四化"可以作为教学资源整合的操作标准：本地化，即应以更好地满足特定教学情境的需要为宗旨；个性化，即应紧密地联系学生的生活和知识水平；个别化，即要充分考虑学生个体和班级的学习风格；现代化，即要改变一些过时的教学内容。

（一）联系生活实际，选择教学内容

新教材不再是学生必须接受的对象和内容，它仅仅是实现课程目标的一种案例或范例。这就意味着实现同一个课程目标可以采用不同的案例，而教材中的案例知识是诸多案例中的一部分，它可能是正确的，但可能远离所教学生的生活经验。因此，在实际的教学中，教师要认真分析并明确教材内容所要实现的课程目标，即要从更广阔的视野范围来考察（因为课程目标决定了课程的内容）。在此基础上紧密联系当地的社会实践和学生的生活经验，选择具体的教学内容，对教材内容进行必要的调整，或增加、或替换、或重组，从而保证课程目标的真正落实。

（二）根据学生实际，调整教学体系

教材体系的构建往往是教材编写者根据课程目标，综合考虑学科知识的逻辑顺序、学生的认识顺序和心理发展顺序而形成的。在这一过程中，编写者考虑的往往是学生群体共同的发展规律，难以充分体现不同群体间认识和心理发展上的差异。而在具体的教学过程中，教师所面对的是具有不同个性特点的学生，如果完全按照教材的思路进行教学，可能会造成学生学习的困难。因此，教师要在深入理解和全面把握教材编写体系的基础上，根据自己所教学生认知发展规律和心理特点，合理调整教材体系，形成自己的教学思路，促使学生积极主动地建构知识，全面实现课程目标。

（三）深入分析资源，挖掘多重价值

知识不是独立于认知主体而存在的，它是人类永无止境的探索和研究过程，其中蕴含着特定的科学过程和科学精神，因此，知识具有多重价值，主要表现为迁移价值、认知价值和情意价值。新一轮课程改革要改变课程过于注重知识传授的倾向，强调形成积极主动的学习态度，使获得基础知识和基本技能的过程同时成为学会学习和形成正确的价值观的过程。这就要求教师在教学中，既要重视知识的迁移价值，更要深入分析和挖掘知识的认知价值和情意价值，要看到教学资源背后所蕴含的思想、观点和方法，涉及丰富多彩的学习情境和探究活动，引导学生通过自主、探究、合作学习，全面实现课程目标。

（四）关注教学过程，丰富教学内容

符合新课程的课堂教学活动必然是开放性的，这种开放必然会增加教学中的非预期因素。这些非预期因素正是学生高层次思维的参与和积极的情感体验的真实反映，使教学资源动态生成的重要部分，拥有无穷的教育和教学价值。如《质量守恒定律》的教学中，有学生认为"白磷的着火点只有40℃，所以我们认为用水与加热锥形瓶从而引燃瓶内的白磷更好"。可见，每个学生的潜力都是巨大的，当学生的主体性真正得到充分发挥时，类似的非预期因素在教学中是大量存在的。教师要善于捕捉每一个非预期因素，并且要努力发现每一个非预期性因素的教育价值，使之转化为当堂课的教学资源的同时，成为后续教学中教学资源生成的动力。

综上所述，对教学资源的整合就是从更广阔的视野（人的发展）和更高的目标层次（课程目标、教育目标）角度分析学与教的需要，从而确定教学的内容（课程内容）。在教学中，教师要深入分析并准确把握教材所体现的课程目标和教育理念，以此为出发点，整合教学资源，创造性地开发教材，使教学过程成为教材内容的持续生成与转化的过程，成为学生学会学习和形成正确价值观的过程。

尽管某些学校由于多媒体硬件设施等原因，可能会对远程教育资源无法充分利用，但只要根据自身的多媒体硬件特点，最大化地使用远程教育资源，定会使课堂"活"起来。只要我们能立足于学校和师生实际，整合创新运用远程教育资源，就一定能让广大师生受益无穷。

# 第七章　教师的课程开发能力

## 第一节　学校课程开发的策略

学校课程开发是一种独立的课程形态，它密切学生与自然、与社会、与生活的联系，它是生活性课程；它强调以学生的经验、社会实际和社会需要的问题为核心，以有效地培养和发展学生解决问题的能力。因而，它又是一种经验型课程；它注重学生多样化的实践性学习形式，如：探究、调查、访问、操作、服务、劳动实践等，注重活动过程的亲历和体检。由此，我们在实施学校课程开发时要结合学生的年龄特点，结合学校实际，从学生的兴趣爱好出发，由师生共同设计课程方案，关注该课程实施的有效性，是我们落实素质教育的关键。

### 一、课程资源的开发与利用

"生活即教育"，"社会即学校"。生活是一所大学校，它容纳了丰富多彩的课程资源，多年的实践告诉我们校内资源如：图书馆、网络、校园文化、文艺演出、师生等，它们以方便易得的特点成为综合实践活动的首选。如走近图书馆，对学校图书馆作全面了解、介绍；对学校校长及教师采访，了解学校的过去、现在、未来；对学校发展提出合理化建议，参与学校发展设计；对学校的办学理念进行研究。学校的每一个字，每一面墙壁，每一个人，每一处景都可能成为学生研究性学习的课程资源。

校外资源如学生家庭生活、自然风光、文物古迹和风俗民情等更为我们综合实践活动的实施提供了丰厚的资源。如"我爱家乡"这一专题，学生可以从不同角度确立课题（①家乡的自然环境；②家乡的社会环境；③家乡的特产；④家乡的风景；⑤家乡的名人；⑥家乡的今天、昨天、未来；⑦家乡的方言；⑧家乡的民风民俗；⑨家乡的住宅变化；⑩家乡的经济；⑪家乡的生活；⑫家乡工农业生产）进行研究性学习，制定计划，实地调查，入户采访，都能为学生研究提供真实的材料，学生亲历现场，又经历探究的过程，享受生活，必会有自己的体验和收获。

关注新闻大事，游赏名胜风景，欣赏自然风光，到民间采风，玩玩童年游戏，走进奥运，走进全运，走进世博会，这些社会资源的开发利用都为课程开发奠定基础。


## 二、充分利用地方特色开发课程

课程资源因地域、文化、学校和师生的不同而表现出具体差异性。因此，我们在开发利用资源的时候，一定要注意因地制宜，力求体现地方特色。特别是农村学校，不能抱怨农村学习资源贫乏，我们应提高课程资源意识，挖掘独具特色的民俗风情、自然风光、校园文化、地方史志等，从这个意义上说农村的课程资源比城市来得更丰富。比如我们可以结合当地农村蔬菜大棚，组织学生去体验农村生活，欣赏西红柿大棚，进而对西红柿的种植及销售等诸多问题进行研究。社会主义新农村建设，发生了前所未有的变化，鼓励学生观察自然，观察社会，不仅有利于提高学生的能力，而且有利于锻炼学生多方面的实践能力。

## 三、关注课程开发的有效性

课程改革几年来，广大教育工作者在课程开设方面做了大量的工作。但在有些学校、教师对课程的开设、课程的开发、指导及评价存在着好多不规范的环节。如：不依学生实际制定活动方案，选取内容不从学生的兴趣出发，方案设计不邀请学生参加，包办代替，学生参与活动的热情得不到及时表扬鼓励。甚至某些学校、教师对课程认识不到位，再加上它无教材可依，只凭课程标准，教师不愿去开发利用课程资源，个别学校出现了为应付上级领导检查造假材料，补活动设计等现象。这与素质教育格格不入，对此加大教师培训，规范课程实施，促进新课程改革成为业务主管部门的一项紧迫性工作。

如何提高开发课程的有效性呢？因该课程实施多以小组合作

形式呈现，小组内学生存在差异，所以关注全体学生是提高活动有效性的根本性问题。

从参与活动的学生基本素质来看，性格开朗、交际能力强的同学容易获得较多的参与机会，而性格内向、腼腆、拘谨的同学可能成为"看客"。

从参与活动的表现来看，眼疾手快的学生表现出较高的参与积极性，也常受到老师和同学的关注。文静、沉稳的学生面对问题反应不够强烈，喜欢思考的学生，有时也能提出耐人寻味的想法。后者也在参与，在活动过程中往往引导不够，调控不够，对后一部分同学关爱、鼓励不够。

从参与的过程看，有的同学只对活动的某一环节、某一方面感兴趣，而对于其他过程就不大关注。有的同学自始至终都能全身心投入，积极参与。

从参与的效果来看，有的全身心投入，这才是真正的、实质性的有效参与。面对新问题，不经思考急于作答，这种参与肯定是无效的。

其次，教师要有效地进行观察方法的指导。前苏联著名教育家苏霍姆林斯基认为："观察是智能的极重要的源泉，观察是知识理解和记忆之母。"可见观察对于我们认识事物、探究事物的重要性。小学生好新奇，观察事物时往往笼统、不精细、不注意事物的特点、不善于区别事物之间的差别，又缺乏系统的观察方法，所以教会学生从不同角度去观察，有顺序地去观察，调动身体的各种器官去观察，才能探究事物的本质，解决生活中遇到的问题。

再其次，要提高开发课程的有效性就要积级探索适应素质教育要求的评价制度，评价是促进课程目标达成的重要环节。评价有助于学生个性特长的培养与发展，也有助于挖掘教师的潜能，为调整和完善课程提供实践依据和理论基础。

## 第二节　提高教师校本课程开发能力的途径和方法

随着基础教育改革的推行，校本课程的开发将是每一个教师急需面对的问题，教师作为校本课程开发全程的主体，既是校本课程的编制者，又是校本课程的实施者和评价者，其应有的课程开发能力是校本课程开发的重要前提条件。校本课程开发不仅需要教师拥有较高的专业水平和专业技能，还应具备一定的课程开发能力。

但对教师而言，无论是在职前教育中，还是在职后的培训中，我们的教师教育机构都很少给教师提供获取这种能力的机会。

目前我们的师范教育只开设教育学、心理学之类的课程，其出发点只是为了怎样更好的执行大纲和课程，怎样上好课，而并未涉及到有关课程开发方面的知识。因此，如何提高教师课程开发的能力和素质，将是每一个学校的领导者和教师都急需解决的问题。

## 一、个人研习与进修

个人研习和在职进修相结合。在日常的教学活动中，教师经常可以遇到一些亟待解决的教学问题，如果教师能够通过学习、研究使这些问题得到解决，并对解决问题的过程进行深入的总结、反思，不断地将其迁移到类似的教学情景当中，这本身就是一种很好的教学研究活动。在进行教学研究的过程中，并不是遇到的所有问题都可以用现有的知识来解决的，在这个过程中，需要不断地学习新的知识以应对教学中出现的新问题。除此之外人类的知识总量在不断的增长，人类在有限的时间内所要学习的知识越来越多，尤其是进入 20 世纪 90 年代以后，随着微电子技术的广泛应用，新的科学技术不断涌现，知识更新换代的速度越来越快，在学校中所学习的知识在走上工作岗位之后很快就会被新的知识所替代，尤其是一些前沿学科。因此要跟上时代的发展就要不断学习，才能不断地更新自己的知识结构以适应社会的飞速发展，作为文化传承者的教师更应如此。而长期脱离工作岗位参加进修学习显然是不可能的，因此采用在职进修的方式不失为教师进行继续学习的一种好的途径。通过这种方式可以使教师在短期内掌握先进的教学理念和全新的课程开发技术，以此作为新课程开发的基础。在这些先进的教育理论的指导下教师的研究能力可以得到很快的提高，进而促进教师发现问题、分析问题、解决问题能力的全面提高，其教学能力也会随之提高，使得教师在教学中更加得心应手。从而使教学向一个健康的方向发展，通过这个过程可以使教师不断提升自我，不断向专业化方向迈进。

## 二、校本教研

校本教研个人研习是教师通过自学的方式来提高自身各方面能力的一种学习研究活动，其重要性是不言而喻的，但是一个人的精力总是有限的，考虑问题的方式、方法也难免会有失偏颇。校本教研是一种基于学校的教师集体所进行的教学研究活动，是立足于学校教学实际和学校特色的研究，其研究的主体是教师，所要研究的对象是学生和教师在教学实践中所遇到的一些实际的、迫切需要解决的问题，如学生的生理、心理、学习动机等问题，教学、课程、资源、学校的发展等问题，这些都将直接影响到学生的健康成长和学校的快速发展。而这些正是校本课程开发的起点，是需要通过开发校本课程来解决的。

校本教研可以唤醒教师的课程意识、资源意识、学生中心的意识。在传统的教学活动中，所有的课程都是由国家统一规划的，一切教学活动都围着课程及大纲转，要实现以学生为中心，以资源为中心只能是一句空话。校本教研，可以让教师立足于本校的实际，立足于学生的发展，教师在进行教学研究时需要不断研究学生、了解学生，研究教材、教法，研究与教学有关的各种因素，找出现有课程体系中不利于学生发展的因素，找出学生真正的发展需求，这样改进教学才有目标，开发新课程才有依据。在进行校本教研的过程中，可以唤醒教师的课程意识、资源意识，学生中心的意识，促使教师去开发适合本校实际、适合学生发展需要的课程，这是开发新课程的基础和依托，是开发校本课程所必不可少的。校本教研可以提高教师的教学研究能力和课程开发的能力，教学活动是一种动态的发展过程，有别于其他任何活动，在教学中教师面对的是不断发展变化着的学生，由于每个学生的智力因素、非智力因素、家庭环境、所接受的家庭教育都各不相同，形成了每个学生各自独特的个性特征，因此每个学生所遇到的困难和问题都是各不相同的。通过校本教研可以找问题的原因以及解决的方案，使教学活动得以改进，减少学生学习中的不利因素。从教师方面来说，通过校本教研，可以使教师的教学能力得到提高；从课程方面来说，通过校本教研，可以找出现有课程体系中不合理的因素以及学生真正的发展需要，作为开发新课程的依据，以提高课程开发的质量和适用性。

校本教研是校本课程开发的基础，校本课程是以学校为基地进行开发的课程，它的开发主体是教师，特别是由同一学校或不同学校教师组成的开发小组。因此校本课程的开发应该建立在学生发展需要之上、并能体现学校的办学理念、促进教师的职业发展，而且能有效地利用学校资源和周边环境。通过校本教研可以了解到学生的发展需要，学校的发展潜力，正确的发展方向，学校的现有资源、优势资源等，以及现有课程体系中合理的和不合理的因素和改进的意见或措施。在此基础之上再对学校的资源进行有效的整合，并根据学校的现状和学生的初始能力和学生可发展的空间来开发适合本校学生，并有能力实现的校本课程。这样所开发的校本课程才是科学的、合理的、有利于学生发展的。

### 三、校本培训

目前世界上各个国家都在大力推行基础教育改革，为此都投入大量的资金进行师资培训，美国总统科技顾问委员会的教育技术专家组在《改革美国中小学教育》的报告中指出：重视师资培养，使教师们懂得如何在教学中有效地使用技术，建议将教育技术投资中的30%用于师资培训，由此可以看出，其对师资培训的重视程度。但究竟采用怎样的方式来培训教师？在目前，各个国家使用比较普遍的方式大都是——校本培训。"校本培训"是指在教育专家的指导下，由学校发起、组织、规划的，以提高教师教育教学和教育科研能力、促进学校发展为目标，通过教育教学和教育科研活动方式来培训学校教师的一种校内在职培训。由此可以看出，校本培训是以教师所在学校为立足点和出发点的，因此在培训目标的制定上、培训内容的选取上、培训方式的确定上都是与本校的实际情况紧密联系的，能够充分考虑教师的实际需要，针对性较强，其目的主要是解决教学中存在的问题以及提高教师的教育教学和教育科研能力。在校本培训中教师既是培训者，又是培训对象，培训的目标性较强，而且是长期的，随时发现问题，随时调整培训计划、随时解决问题，这样可以充分调动教师的培训积极性。其优势主要体现在以下几个方面：首先，我国地域广阔，教育资源短缺，人均教育经费投入较少，用于教师再教育的经费更是捉襟见肘，很难满足教师培训的需求，另一方面许多经济欠发达地区的中小学师资短缺，运用校本培训既可以节省培训费用，还可以保证学校正常的教学秩序不受影响。其次，校本培训是教师不脱离工作岗位的一种培训方式，教师可以根据学校的实际情况灵活地安排培训时间、培训内容，更为重要的是可以将培训的内容立刻运用到教学实践当中学以致用。并且可以根据实际情况随时调整培训内容，将教师在教学实践中遇到的急需解决的问题随时列入培训计划，通过共同学习找到问题解决的方法和途径，从而增强了培训的针对性。

再次，校本培训是以教师所在的学校为受训场所，可以进行持续、长久的培训，保证培训的连续性，可以使教师的能力得到持续不断的提高。可以将教学中出现的问题以任务驱动的方式来进行培训（以问题驱动为主要方式）让教师带着任务参加培训，既改进了教学，又使教师得到了锻炼和提高，而且教师在通过完成任务有会产生一定的成就感，激发了其参与的积极性。校本培训尽管有诸多的优点，但是实际应用中也应注意相关的问题，比如，在制定培训计划时，应多咨询校外相关方面的学科专家，或者说在外来专家学者的指导下来制定，培训要有计划、有步骤的进行，不能盲目随行。如果离开了专业研究人员等"局外人"的参与，校本培训就常常会自囿于同水平反复，迈不开实质性的步伐，甚至会停滞不前，从而导致形式化、平庸化。从这个角度说，专业研究人员的参与是校本向纵深可持续性发展的关键。

四、电子导师

电子导师制是指导与电子交流相结合的一种指导形式，主要借助电子交流的手段在有经验的导师与缺乏经验或经验不足的个体之间建立的一种关系，目的是形成和发展被指导者的技能、知识、信心以及文化理解能力，以促进其成功。教师在个人的研习活动或者是校本培训、校本课程开发的过程中遇到的一些难以解决的问题可以利用这种形式及时得到有效的解决，而且这种方式还有其他方式所不可替代的优势。一是不受时间和空间的限制。网络技术和现代通信技术的发展为电子导师制的实现提供了有力的技术支持，目前在这种指导方式中所借助的电子交流手段主要有：电子邮件，QQ，BBS，电话等。借助这些电子交流的手段打破了时间和空间的局限，被指导者可以在不同于指导者的地方和时间接收指导，教师在本课程开发的过程中遇到问题可以随时提问，边进行本课程开发，边接受指导，指导者及时予以解决，这样的指导针对性较强可以使教师校本课程开发的能力在实践中不知不觉地得到提高。二是可以减少被指导者的心理压力对普通教师而言，对专家学者都存在一种敬畏感，感到有一定的心理压力，担心自己所提出的问题太幼稚，会让人瞧不起，因此很难畅所欲言，不能将自己的真实想法完完全全地表达出来，不能将存在的问题完全真实地暴露出来，也就不能使问题得到很好地解决，更不利于教师能力的提高。而采用电子导师教师直接面对的是这些电子交流工具，而不是真正的专家、学者，没有在其当面所感受到的心理压力，所以能够将自己的想法完全真实地展现出来以利于问题的解决，同时也淡化了指导者与被指导者二者之间的角色，这样教师就更乐于参与到其中，有利于激发其主动学习的积极性，从而更有利于各方面能力的提高。三是可以为教师提供更为全面、高效的指导校本课程的方式方法编制、实施和评价是一个持续的、动态的、逐步完善的过程，在这个过程中教师要不断学习新的知识经常应对在课程开发过程中遇到的一些新问题，如果缺少高层次专家学者的指导可能会让教师陷入困境，很难取得实质性的进展。电子导师制是一种开放的指导方式，指导者是一个团体，对教师进行指导的可以是学科专家、教育专家，社会上本学科领域的权威人士以及学生家长等。不仅在知识方面可以给予教师更高层次的指导，而且对教学中存在的问题可以给出良好的意见和建议，可以使教师少走弯路，促使校本课程开发向正确的方向上发展。四是指导及时、针对性较强。采用这种方式指导针对性较强，电子导师可以通过网络与新教师分享教学经验，指导新教师有效地教学，帮助新教师建构教学知识，以促进其成长。不同地区和学校的教师可以通过 BBS 来交流进行校本课程开发的经验和失败的教训，相互取长补短、借鉴成功的经验，总结失败的教训，最终达到共同提高的目的。因此从某种意义上说，电子导师制是个人研习、校本教研、校本培训的一种延伸，教师在个人研习、校本教研、校本培训中碰到的一些难以解决的问题，可以通过电子导师这种方式让一些学科专家、教育专家、社会上本学科领域的权威人士帮助解决，这样既提高了教师各方面的能力素质，也节省了各种费用。从前面的论述可以看出通过个人研习、校本培训和校本教研，可以让教师在实践经验不断积累的基础上使教师的能力和素质得到不断的提高，而通过电子导师制可以给教师从纵的方面予以指导，使教师少走弯路，让教师从知识、技能各方面上升到一个新的高度。总之，不论采用何种措施或方法，提高教师校本课程开发能力的重点都在两个方面：一是教师要初步掌握课程的一些基本原理，明确课程目标、课程内容、课程实施、课程组织、课程设计等基本理论，为课程开发提供理论依据；二是要不断拓宽教师的知识面，重新构建教师的知识结构，为课程的开发提供知识和智力上的支持，这是校本课程开发的前提，也是校本课程开发成功的保障。

# 第八章　教师的职业理想和认同感

## 第一节　职业认同感

　　教师是基础教育的实践者，其多元的角色关系着祖国未来建设者和接班人的优劣，关系教育发展的未来，关系祖国的未来……如何才能成为一名合格乃至优秀的教师？教师应该具备什么样的素质？正为全社会共同关注。教师应该具备健康的身心，爱心，崇高的职业理想，高度的职业认同感，必要的学识和复合的能力。在这里，健康的"身心"是为师的基本条件，"爱心"是为师的灵魂，"学识和能力"是为师的保证。"师者，传道、授业、解惑也！"这是韩愈《师说》中对为师之道的精彩表达。凡欲为师或正为师的人们，只有对"优秀教师应该具备何种素质？"这一问题有清楚、深刻的认识，才能对自己提出更合适的要求，给自己的为师之路打下坚实的根基。师者，为师亦为范，学高为师，身正为范。走上三尺讲台，教书育人；走下三尺讲台，为人师表。教师不仅是社会主义精神文明的建设者和传播者，更是莘莘学子们的道德基因的转接者。教育承载着民族的希望和祖国的未来，可谓责任重大。教师是基础教育发展的动力，学校生存发展的关键之所系。中国教师，千万之众，当下教师应该具备什么样的素质，正为全社会共同关注。教师的真谛就在于把未特定化的可教育的下一代，教育成为有自由思想的有尊严的幸福生活的公民。为实现这样的目标，教师应该具备如下素质。

## 一、健康的身心

健康的身心是为师首要的基本的条件。身体健康和心理健康是健康的两个方面，关系密切，不可分割。一方面，身体健康水平会影响心理健康水平。有了健康的身体，个人在认知、情感、行为和社会适应等各个方面的运作才能正常。另一方面，心理健康水平也影响身体健康水平，只有健康的心理才能培养健康的身体。乐观、愉快、自信、平和的心态有助于提高人的免疫能力，使人有效地抵抗疾病的侵袭，从而促进身体健康。因此，人的心理寓于身体之中，健康的心理培育着健康的身体，健身重在健心。相反，精神的瓦解，必将导致身体的崩溃。

1、健康的身体。"体者，载知识之车，而寓道德之舍也"，健康的身体是从事一切社会劳动的首要前提，是教师从事教育工作、学习和生活的物质基础，是生命存在之本。教师有了好的身体，才能有充沛的精力投入到教育工作中，才能高效地完成学科教学和校本课程开发任务……反之，如果教师没有好的身体而终日处于病态，一切都无从谈及。

2、健康的心理。教师是一个育人的职业，所面对的是时刻发生变化的鲜活的生命，是灵魂的塑造者。为师之人在承受教师职业所带来的各种压力的同时，也要面对社会变革中所经受的困难和危机。教师的言行很大程度上决定学生的言行，教师的一言一行、喜怒哀乐在学生心目中都会产生重大而深远的影响。教师应该以高尚的师德和良好的心理素质影响和感染学生。一个心理成熟和心理健康状况良好的教师，会带给学生积极进取的精神状态和健康的心理状态，会影响学生的心理成熟。因此，教师的心理健康问题不仅仅是教师个人的事情，也影响着学生的心理健康水平。只有心理健康的教师，才能教出心理健康的学生。

## 二、"爱"是为师的灵魂

爱是人类一个美好而永恒的主题，人类需要爱，社会需要爱，教育需要爱，学生们更需要爱。爱，不是索取，不是等价交换，而是付出，是给予。"美好人生中，爱和知识是必须的，在某种程度上爱更为重要。爱将激励我们去寻求知识，从而更清楚地知道如何使我们所爱的人获益。"教育过程是教师与学生相互渗透的互动过程，教师热爱学生，学生就能产生积极的情感反馈，从而激发学生的潜在力量，调动学生全面发展的积极性，"皮格马利翁效应"试验和古今中外众多教学实践都充分证明了这一点。反之，"凡是教师缺乏爱的地方，无论品格还是智慧都不能充分地或自由地发展"。热爱一个学生就等于塑造一个学生，厌弃一个学生无异于毁坏一个学生。每一位学生都渴望得到老师的爱，尤其是那些家庭有过特殊变故的学生。作为一名教师，一名人格健全的优秀教师，就应该让学生在温暖中生活，在宽容中生活，在平等中生活。让他们在爱心呵护下成长，让学生时刻感觉到教师从心里流露着的最纯真的爱。可以预见，如果教师和学生之间没有感情，缺乏信任，没有心与心的交流，要培养出有自由思想的有尊严的优秀学生是不可能的。所以，教师的爱，从小处看是学生生长的需要，制约着学生身心和智能的健康发展，从大处说关系到国家兴旺，民族富强，关系到祖国未来的发展。

### 三、崇高的职业理想和高度的职业认同感

所谓职业理想，就是指人们对于未来工作类别的选择以及在工作上达到何种成就的向往和追求。树立终身学习的教育观念，忠于人民的教育事业，努力做一名优秀教师，是社会主义市场经济条件下教师的崇高职业理想。职业认同感，就是教师对自身职业价值和教育能力的深刻认识而产生的光荣感与自豪感。崇高的职业理想和高度的职业认同感，是教师不断更新自我、完善自我、超越自我，一步步走向辉煌，为崇高的教育事业而奉献终生的催化剂。然而，由于社会各种因素以及自身受市场经济的冲击，择业动机不纯等的影响，基础教育教师的现实情况却不容乐观。调查显示，不管是社会还是教师业内对教师职业认同感均不

高，许多教师却对此非常淡薄，造成他们普遍缺乏应有的教学积极性，从而影响到基础教育的健康成长和发展。

## 四、必要的学识

学识和能力是为师的保证。在学习教育理论知识的时候，教师学识的要求包括三方面的内容。一是精深的专业知识，二是广博的文化修养，三是系统的关于儿童发展与教育的教育学、心理学知识。精深的学科专门知识。这是一种较宽泛意义上的学科知识，包括：不同学科有机整合的知识；结构化和情境化的知识；关于学科知识来源和发展的知识；关于学科知识本质的知识。广博的文化基础知识，具体包括人文类知识；工具类知识；艺体类知识；劳技类知识。突出强调时代需要的教育技术知识，系统的关于儿童发展与教育的教育学、心理学知识。具体包括：一般的教育学知识；学科教学知识，就是把学科教育学化和心理化，使其具有"可教性"的知识。开篇提到，中国教师，千万之众，要求每一位教师均严格达到三方面的要求显然是不切实际的。我们可以把上述要求作为教师发展的理想，作为教师终身学习的目标，而当下应针对教师目前区域现状，着重加强教师必备技能的培养，要达成这样的一个共识：有益于学生的成长，能教的好才是真的好，教育是教和育的统一。

## 五、综合的能力素质

（一）与人交往和沟通的能力。教师是育人的职业，处处体现与人交往。课堂与学生交往，课外与同事交往，与领导交往，与家长交往，与社会各界交往……交往和沟通是一门艺术，做好了可以言简意赅，一个眼神，一个手势，都可以让他人明白你的用意，从而达到事半功倍的效果。

（二）教学监控能力。教师为了保证教学的成功、达到预期的教学目标，在教学的全过程中，将教学活动本身作为意识的对象，不断地对其进行积极和主动的计划、检查、评价、反馈、控制和调解的能力。这种能力主要表现在三个方面：一是教师对自己教学活动的事先计划和安排；二是对自己的实际教学活动进行有意识的检察、评价和反馈；三是对自己的教学活动进行调节、校正和有意识的自我控制。

（三）整合课程资源的能力。改变一切从教科书出发的教学理念，从学生喜欢的生活的场景、情境入手选择内容，教师要根据教学内容，创造各种不同的教育情境，使学生获得更加丰富的生活体验。另外，新教材提供了许多新的教学形式，许多形式都是首次出现，新颖、独特，每一节课都充满新意，教师要有创意地进行教学，这也对教师的创新精神提出了挑战。

（四）信息技术与学科教学有机结合的能力。有效使用信息技术，将信息技术与学科课程有机结合起来，使各种教学资源、各个教学要素和教学环节经过整理、组合与融合，从而构建信息技术环境下的新的教学模式。逐步实现教学内容、学生、教师在信息技术环境下的互动。

诚然，教师之素质除了显性的部分，还包括许多隐性的内容。教师之路漫漫其修远兮，需为师或欲为师之人上下而求索！

## 第二节　教师的职业理想

古人云：师者，所以传道授业解惑也。老师是一个神圣而伟大的职业，担负着培育祖国人才的重任，对祖国的富强起着极其重要的作用，是孩子幸福的引路人，在每一个孩子的心目中，老师都一直充当一个最亲切、最智慧、最伟大的角色，被誉为人类灵魂的工程师，是天底下最光荣的职业！毫无疑问，老师这一职业是神圣的，因为它肩负着传道授业解惑之重要使命，是其他任何职业都无法取代的，且关乎国家及民族的兴衰，自然值得我们倍加珍视。中国是个文明古国，几千年来一直非常重视教育，从孔夫子周游列国、广纳门徒，到隋朝开设科举、招才纳贤，无不显示了我们中华民族是个懂教育、会教育的民族，也正是因为这个，我们泱泱中华才创造了辉煌的文明，将几千年文明之火不断地传承至今！

由于老师的职业是"最能为人类福利而劳动的职业"，教育工作对于推进人类的文明进步，推动社会经济发展，促进民族的振兴富强具有重大的意义。因而老师从事的是最崇高的职业，或者说是教育事业，事业不同于职业。老师只有把职业提升为事业，树立高尚的职业理想，才会在平凡而崇高的教书育人中取得非凡的成就。所以说老师的职业理想是老师对未来的职业目标的向往和追求，它可将老师追求的远大目标和平凡的职业生活联系起来，从而产生一种巨大的精神力量。由此我们不得不深入思考：老师应该树立怎样的职业理想，并如何坚守以塑造良好的形象，才能产生巨大的力量，在自己的岗位上通过出色的工作为人类社会的进步发展作出自己应有的贡献了。

首先，要成为一名合格的老师，除了过硬的学术知识，更要有过硬的道德修养，在传授知识的同时，潜移默化之中也给予了孩子做人的态度，传达着有关人生观世界观价值观的教诲。所以古人才会将传道放在师者的首位。作为老师，首先就应该是心身健康，在教育教学中，老师的思想、行为、作风和品质，每时每刻都在感染、熏陶和影响着学生，有的甚至会影响他们的一生。俄罗斯教育家乌申斯基认为：教师的自身形象对青少年心灵的影响是"任何教科书、任何道德箴言、任何惩罚和奖励制度都不能代替的一种巨大的教育力量"。这说明教师的职业劳动是以灵魂塑造灵魂的劳动，榜样的力量不容忽视。当前，随着我国教育整体水平的提高，特别是随着基础教育改革的不断深化，以及基础教育课程改革的逐步启动，我国教师队伍的质量与全面实施素质教育的要求的差距明显地表现出来，而教师的职业理想却起着扭转局面的决定性作用。汉代学者杨雄认为：师者，人之模范。作为教育的主导因素，老师施教于人，对学生起着外因影响、改造内因的作用。其自身的行为规则以及其主观能动性直接作用于学生，使主体发生变化。所以老师是时时刻刻地以一种被模仿的形象存在。教师若不能在学生中树立起高大的形象，自然也无法成为"人之模范"，更何况"以德育人"。己身不正，焉能正人？从这个意义上来讲，师德是教育的一个根本。正如孔子所说的："其身正，不令而行，其身不正，虽令不从。"这说明如果要求学生做到的，教师自己首先应该做到；如果要求学生不能做的，教师自己先坚决不做。只有处处为学生当榜样，事事为学生做表率，严于律己、以身作则，才能使学生"亲其师，信其道"，收到"不令而行"的效果。

其次，老师要树立把教育工作做成神圣的事业的职业理想，确立以人为本的理念，促进为学生全面和终身发展而工作的基本职业理想的形成。老师的工作，平凡中蕴含着伟大，辛苦中潜存着幸福。老师要把教育工作作为神圣的事业去追求，建立起只要勇于实践，勤于积累，通过辛勤的劳动定会成为优秀老师的信心，发扬艰苦奋斗、埋头苦干的精神，在实践中追求教育的成功和幸福。老师在教育教学的过程中，要积极地观察每一个学生，认真地倾听每一个学生的发言，设身处地地感受学生的所作所为、所思所想，尽量使自己具备学生的心灵，走进他们的情感世界，去体验他们的感觉，这样便会有惊人的奇迹出现：师生立刻变成朋友；学校立刻成为乐园，谁也不觉得你是老师，你便成为了真正的老师，这样的教育才最能奏效。所以，老师要突出以人为本的思想理念，把促进学生的终身发展，促进学生的健康成长、全面发展，作为自己的最基本的职业理想。

再次，以高度的教育责任感促进正确的职业理想的形成，真正做到爱岗敬业，教书育人，精业勤业，廉洁从教。爱岗敬业是老师职业精神的重要内容，它既是老师坚持为人民服务的宗旨、具有高度的政治责任和职业责任的具体体现，也是老师实现自身价值，追求人生幸福的最现实、可靠的途径。老师要热爱教育事业，树立坚定的事业心，安心从教，甘受清贫，就能换来精神世界的富有；不为名利，甘为人梯，迎来的是桃李满天下的金秋，人的一生应该有个明确的目标，为了理想而奋斗，虽苦但乐在其中。时时处处以大局为重，热爱教育事业，关心学校的发展，这是每个老师都应具备的。在实际工作中，珍视为人师表的这份荣耀，时时处处严格要求自己，才能赢得学生的爱戴，家长的信赖和领导的认可。其次，教师要坚持正确的教育思想，因材施教。教书是育人的基本途径，育人是老师教书的根本宗旨，教师只有坚持正确的教育思想教书育人，才能全面地贯彻教育方针，认真实施好素质教育，全面提高学生的素质，培养出大批适应时代发展的合格人才。教师必须不断充实和完善自己，才能适应时代变化发展的需要。同时老师还要加强自身的专业学习，敢于探索，积极参加社会实践活动，进一步提高自己的教育教学能力，以达到较高的业务水平。此外，在工作中，教师还得踏踏实实，不好高骛远，刻苦钻研教材，虚心请教，经常自我反思，在反思中求成长、求进步。并坚守高尚的情操，传承和发扬奉献的精神。乐于奉献，是人民教师的精神支柱，以为学生服务为最高目的，以培育青少年成才成人为最大责任，不计报酬，淡泊名利，乐于献出，不重索取。

最后，要争做创新型老师，严谨治学，积极反思，与其他老师精诚合作，强化职业精神，促进有高度的职业理想的形成。在知识社会里人类知识总是急骤增长，知识陈旧率越来越快，因此必须时时更新知识，"生有涯，而知无涯"，每一位教师都应审时度势，把握时代发展的脉搏，树立终身学习的观念，将朴素的"活到老，学到老"、"学习，学习，再学习"的思想贯穿于日常工作、生活中，向书本学习，向实践学习，不断提高自己的专业素养。争做创新型老师，善于吸收最新的教育科技成果，将其积极应用于教学中，并且能有自己独特的见解，从中发现行之有效的教学方法，以不断推进教育、教学创新措施的落实。从自己的教育教学实践中得出一点有效的经验和反面教训，学会反思，注重积累一点一滴的经验，不断地工作，不断地总结，不断地发展，使自己逐步向创新型老师迈进。同时努力做到与其他教师真诚合作，确保信息资源共享，并在工作中虚心听取别人的意见和虚心向别人请教，在和谐的氛围中共同研究、共同进步。另外老师应将对职业责任在思想上的承认和自觉认同，转化为认真履行的道德义务，落实到老师的全部实际行动中，真正做到热爱学生，对学生全面负责，坚持教育对学生负责、对家长负责和对社会负责、对事业负责的一致性原则。

依托生命，激扬生命，教育就可以享受生命的神奇，使传承和发展文明的事业呈现良性发展状态，老师这一职业是神圣的，但老师绝不是神，被神化只能多了盲目少了理性，多了忐忑少了从容。因为我们选择了老师这一职业，只有不断地精进提高，用心地审视自己、审视自己的学生、审视自己和自己的学生日复一日地共同进行着的教与学的活动，如此才能夯实职业理想，也才有可能在教育中激扬生命。让我们在教育的广阔天地中挺起那深深嵌在脊背上的责任，以一腔热情铸成教育改革奔腾的血液，坚守自己的职业理想，以怀瑾握瑜浸染学生的心灵，以博闻强识熏染学生的才智，塑造良好的老师形象，奏响教育创新与进取的交响，一路高歌远航！

# 第九章　教师的心理素养

## 第一节　关于教师心理素养的概述

教师作为精神文明的开拓者，在传递科学文化知识、促进人类生存与发展方面，始终起着十分重要的作用。中国古代曾将"天地君亲师"供奉于一堂，使为师者成为"无所不知"的人之楷模，备受尊崇。很少有人怀疑教师有人格及心理适应问题。然而，时代不同了，甘肃女教师毛淑英案件，北京师大教授文力事件……这些教师队伍中屡屡出现的各类问题在提醒世人：教师必须提高心理素养。教师频频出现问题，首先表现出来的是师德问题。师德是最表象的东西，实际上再往下深究，有时候的确是师德问题掩盖了教师的心理素养问题。

### 素养、心理素养和教师的心理素养

《汉书·李寻转》上言："马不伏枥，不可以趋道；士不素养,何以重国?"这里把士与千里马相比,将士之素养、重国与马之伏枥、趋道比较,说明像马那样供给营养,才可以负重行路,人也需要有良好的素养,才可以成为国家栋梁。

(一)"素养"一词,早就在我国沿用。那么,什么是素养呢?《现代汉语词典》解释为"平时的修养",《辞海》上解释为"经常修习涵养"。所谓素养,是指人在一定的社会条件下,为使自己的身体、道德、知识能力、人格等素质,持续发展所进行的自觉的修习涵养及其综合发展水平。简言之,素养也就是素质的修养及水平。

素养也叫素质,是指决定一个人行为习惯和思维方式的内在特质,从广义上还可包括技能和知识。素养是一个人能做什么(技能、知识)、想做什么(角色定位、自我认知)和会怎么做(价值观、品质、动机)的内在特质的组合。一个人的素养就好比一座冰山,技能和知识只是露在水面上的一小部分,他的自我认知、动机、个人品质以及价值观等,都潜藏在水面之下。

(二)教师的素养,是指教师为了履行职责,完成教学任务所必备的素质修养。归结起来教师应具备的具体职业素养分为:思想政治素养、道德品行素养、科学文化素养、能力素养和身体心理素养等。通常来说,教师素养包含三个层面,即文化底蕴、教育追求、教育智慧。教育追求和教育智慧都只能从我们内心生长出来,其长势如何取决于土壤的肥沃程度——我们的文化底蕴,我们的学识修养、心性修养、精神修养。教师是人类文化的传播者，是学生成长的引路人。教师从事的是开发人类智力资源的事业，要让学生在漫长的学习过程中始终如一地维持对学习的热情，需要教师源源不断地带给学生永不停歇的精神力量。演员，靠演技征服观众；球员，靠球技留住球迷。广大教师作为课堂教学的组织者，其综合素养高低，关乎所导演出来的课堂效果，影响着学生的思想品质和学习成绩。教师的人文底蕴会感染学生学习的兴趣和学习动力。现代教育需要博览群书、知识渊博、风趣幽默的教师。其实，教师与学生自身就蕴含着丰富的课程资源。教师的人格会影响学生健康人格的形成；教师的视野、文化底蕴等也影响着学生的视野。

优秀教师的四大支柱：①丰厚文化底蕴支撑的教师的人性。因为没有丰厚的文化底蕴的教师，根本不可能给学生的生命铺上一层温暖的、纯净的底色。②高超教育智慧支撑的教师的灵性。③宏阔课程视野支撑的教师的活性。④远大职业境界支撑的教师的诗性。教师对生命、对学生最终都要反映其背后的这种素养。它包括灵活运用说话的语速、语调、表情、眼神，美妙的话语，自我控制之下的情绪，去呵护学生的自尊，培养学生的自信，塑造学生的人格，而不是动不动就发火、批评、呵斥学生。

（三）教师的心理素养，一个人如果能够正确地认识自己，悦纳自己；能够与他人和睦、自在相处，很好地适应社会；能够有自己的理想目标，并在自己的意志控制之下去积极努力；能够很好地控制自己的情绪，主导情绪始终是乐观的；那么，就可以说这个人具有良好的心理修养。这个人可能没有系统学习过心理学知识，对心理学术语也知之不多，但是，他凭借自己的良好悟性，能够游刃有余地、自由自在地、恰到好处地处理各种关系和问题。如果这个人不仅具有良好的心理修养，同时又系统地掌握了心理学知识，并且将这些知识运用到生活、工作、教育实践中去，那么，我们就可以说这个人具有良好的心理素养。

教师的心理素养包含知识和修养两个层面：知识层面体现在具有比较系统的心理学知识，并能够运用这些知识去完善自我，指导教育教学和处理各种关系的实践；修养层面体现在具有良好的悟性和情绪控制能力以及坚定的意志力等。教师应具有广博的兴趣、热烈的情感和坚强的意志等心理素质。一位优秀的教师，不仅要在政治思想、业务能力方面有较高的素养，还应具有良好的心理素养。只有心理健康的教师，才能胜任教书育人的神圣使命。教师的心理素质是在教师长期的教育实践中逐步培养和形成的，是教师搞好教育工作的重要条件，是培养学生成材的可靠保证。

## 第二节　教师良好的心理素养对学生的影响

### 一、对学生的投影作用

教师的心理素养对学生心理发展有着巨大的投射作用。教师是学生心目中的重要人物，是学生认同的楷模，学生是未成年的个体，在师生日常接触中，教师的言行最能发挥潜移默化的作用。具有良好心理素养的教师，能通过教学历程影响学生，使学生的心理也健康发展。一个心理健康的个体，不仅要没有心理疾病与心理障碍，而且要具有一种努力发展自我、完善自我的积极的心理状态。教师的这种心态，会随时随地影响他周围的学生，甚至会伴随学生的终生。

## 二、对教师与学生关系的影响

教师心理素养直接影响其处理师生关系时的思维方式和行为方式。具有良好心理素养的教师，他会将心理学的知识和技巧，自如地运用到教育教学之中，能够很好地尊重学生，理解学生，巧妙地处理学生的各种问题，从而有效地促进学生心理健康发展。相反，如果教师心理素养较差，不仅不能正确地处理师生关系，还会乱发无名火，甚至给学生的心灵造成创伤。学生的心理一旦受到伤害，有时会影响到学生健全人格的形成，甚至影响到学生的一生。我们完全可以这样说，未来一代建设者和接班人的整体素质与当前教师队伍的素质高度相关。加拿大学者曾就"体罚对孩子将来身心健康产生的影响"做过全球最大规模的调查，调查显示：被体罚的儿童成年后吸毒和酗酒的可能性是正常儿童的两倍；而且患上焦虑症、反社会行为倾向和抑郁症的几率大大增加。另据北京市教科院日前披露的《师源性心理伤害的成因及对策》的调查报告显示，打骂学生、讲课死板、对工作不负责任、偏心等不被学生喜欢的行为，会给学生心理造成伤害，构成师源性心理伤害。

案例：患上了学校恐惧症的张某，初中一年级女生，因为一到学校就心里发抖，不能坚持上学，所以前来求助。

求助者自述：一个月以前，我在下课的时候上厕所，因为人比较多，我就谦让别人，结果时间就有点来不及了。上课铃声刚响，我就急忙跑进了教室。这时，我们的班主任老师已经站在讲台上。她看到我慌张的样子，就声色俱厉地批评我。我刚想辩解，她便气得浑身发抖，用手抓住我的头发，将我的头摁到了用来洗拖布的水桶里。我当时的感觉是，这个老师一定是疯了……从此以后，我仿佛在全班同学面前再也抬不起头来了，尤其不敢看老师的眼睛，现在竟然发展到一进学校门就心里发抖。我现在只有一个愿望，只要不读书，让我做什么都行。

案例点评：这名学生的心理问题纯属师源性的，而这位教师如果不是心理出了问题，也不至于这样控制不住自己的情绪。

## 三、对教师思想及业务能力的影响

教师的心理素养有助于教师的诊断性思考。每个人的知识结构、思想意识，直接影响他对事物的反应和判断。具有良好心理素养的教师，面对学生各种各样的反应，会作出正确的判断，并采取恰当的方式来处理。尤其是面对学生的一些反常行为，具有良好心理素养的教师能够从心理医生的视角来观察和分析，而不会将所有不良行为都简单地判断成恶作剧、调皮、找碴、故意捣乱。

案例：老师不理解我。王某，男，高二学生，因患强迫症前来求助。

求助者自述：我是个学习一直很要强的学生。刚上高一时，月考我考了全校年级第36名，当时我就在书桌上写下誓言：期末考试进全校前十。结果，事与愿违，成绩还一路下滑。由于心理压力过大，我患上一个怪病，就是总担心身旁的同学看我。出于这种担心，我总控制不住要用眼睛的余光看旁边的同学。每当目光相遇，我的心里非常难受。为了不看他们，也防止他们看我，就将两只手放在两个太阳穴处，作为光线的屏障。老师发现后，在课堂上狠狠地批评了我，我怎么解释也不行。从此我的问题越来越严重，我就不再上学了。休学半年以后，父母带我到一家心理诊所，才知道我是患上了强迫症，后来就一直没有上学。我现在想，当初我的心理问题还不算严重，如果老师能理解我，私下同我谈一谈，或者能辨认出我当时属于病态，都不至于有今天这个结果。

案例点评：这名学生的心理问题，虽然不能归因于那位教师，但是，如果教师当时具备足够的心理学素养，能够运用诊断性思考，就很可能使这名学生的心理问题朝着良性方向发展，而不至于发展到休学的地步。

## 四、直接影响学生心理素养

心理素养与教师的职业要求。随着科技的进步，知识的不断更新，社会对教师角色的要求不再是单纯的"传道，授业，解惑"。正如《学会生存》一书中所阐述的那样："教师的职责现在已经越来越少地传递知识，而越来越多地激励思考；除了他的正式职能以外，他将越来越成为一位顾问，一位交换意见的参加者，一位帮助发现矛盾论点而不是拿出真理的人。"由于信息源急剧增多，学生视野开阔，思维活跃，知识面广，表现欲强，自我表现意识明显，教师以有限的知识或权威的地位很难驾驭课堂，难怪不少教师都有"现在的学生越来越难教"的感觉。教师如果具备良好的心理学素养，以心理学原理来驾驭学生，激励学生，而不是以知识权威的偶像身份来驾驭学生，那将在教育教学中游刃有余，成为合格的教育工作者。那些心理素养好的教师，能够坦然面对学生的不同意见，甚至能够坦然面对学生的批评指正，学生不仅不会因此看不起他们，反而会因为教师的学术民主而更感到他有亲和力。

心理素养与教师的专业化发展、心理素养是实现教师专业化发展的必要条件。教育工作是培养人的工作，教师职业是在帮助人成长的过程中体现自身价值的。教师的专业发展，既需要掌握专业的技能和方法，同时也需要通过不断提高自身修养、调整自己的心态来影响和教育学生。因此，教师的专业发展离不开良好的心理素质的培养，建立在心理健康基础上的专业化才可能真正提高教师工作的实际效果，从而实现教师职业的专业化发展。在当今历史性的转型时期，健康的身体和心理是个人正常工作的前提，教师要有足够的心理承受能力和社会适应能力，保持健康的心理：要身体健康、精力充沛；要性格开朗、朝气蓬勃；要毅力顽强、承受挫折；要情绪稳定、善于调控；要能自觉防止和克服不良嗜好。同时，21世纪的教育要求教师全面发展、和谐发展的高素质的人，既要有坚定的政治素养，高尚的思想品质，良好的职业道德，丰富的专业理论和文化知识，较强的专业能力素质和创新素质，又要具备良好的心理素养。

## 五、提高心理素养的手段

（一）世界卫生组织关于健康的标准。近年来世界卫生组织又提出了衡量健康的一些具体标志。例如：精力充沛，能从容不迫地应付日常生活和工作；处事乐观，态度积极，乐于承担任务，不挑剔；善于休息，睡眠良好；应变能力强，能适应各种环境的变化；对一般感冒和传染病有一定抵抗力；体重适当，体态匀称，头、臂、臀比例协调；眼睛明亮，反应敏锐，眼睑不发炎；牙齿清洁，无缺损，无疼痛，牙龈颜色正常，无出血；头发光洁，无头屑；肌肉、皮肤富弹性，走路轻松。也有人对世界卫生组织关于人类健康的标准加以具体化，用"五快"（肌体健康）和"三良好"（精神健康）来衡量。"五快"是指：吃得快：进餐时，有良好的食欲，不挑剔食物，并能很快吃完一顿饭。便得快：一旦有便意，能很快排泄完大小便，而且感觉良好。睡得快：有睡意，上床后能很快入睡，且睡得好，醒后头脑清醒，精神饱满。说得快：思维敏捷，口齿伶俐。走得快：行走自如，步履轻盈。"三良好"是指：良好的个性人格。情绪稳定，性格温和；意志坚强，感情丰富；胸怀坦荡，豁达乐观；良好的处世能力。观察问题客观现实，具有较好的自控能力，能适应复杂的社会环境；良好的人际关系。助人为乐，与人为善，对人际交往充满热情。

（二）心理学中关于心理健康的标准

关于心理健康的标准，心理学界提出了很多标准，比较著名的有马斯洛、斯柯特等心理学家提出的标准。目前，我国心理学界比较认同的是郭念锋教授于 1986 年在《临床心理学概论》一书中提出评估心理健康水平的 10 个标准。这 10 个标准可以用串联记忆法记作：心心周意暗，心心自社环。

1. 心理活动强度。这是指对于精神刺激的抵抗能力。在遭遇精神打击时，不同的人对于同一类精神刺激，反应各不相同。这表明，不同人对于精神刺激的抵抗力不同。抵抗力弱的人往往反应强烈，并容易遗留下后患，可以因为一次精神刺激而导致反应性精神病或癔病；而抵抗力强的人，虽有反应，但不强烈，不会致病。这种抵抗力，或者说心理活动强度，主要和人的认识水平有关。一个人对外部事件有充分理智的认识时，就可以相对地减弱刺激的强度。另外，人的生活经验、固有的性格特征、当时所处的环境条件，以及神经系统的类型，也会影响到这种抵抗能力。"文革"期间，不同的人面临同样的心理打击，所造成的心理创伤是不一样的。心理活动强度大的人，抗挫折的能力就强一些。

2. 心理活动耐受力。前面说的是对突然的强大精神刺激的抵抗能力。而慢性的、长期的精神刺激，可以使耐受力差的人处在痛苦之中，在经历一段时间后，便在这种慢性精神折磨下出现心理异常、改变个性、精神不振，甚至产生严重躯体疾病；但是，也有人虽然被这些不良刺激缠绕，日常也体验到某种程度的痛苦，但最终不会在精神上出现严重问题，有的人甚至把不断克服这种精神苦恼当作强者的象征，作为检验自身生存价值的指标。有的人甚至可以在别人无法忍受的逆境中做出光辉业绩。我们把长期经受精神刺激的能力，看做衡量心理健康水平的指标，称它为心理活动的耐受力。

3. 周期节律性。人的心理活动在形式和效率上都有着自己内在的节律性。比如，人的注意力水平，就有一种自然的起伏。不只是注意状态，人的所有心理过程都有节律性。一般可以用心理活动的效率做指标去探查这种客观节律的变化。有的人白天工作效率不太高，但一到晚上就很有效率，有的人则相反。如果一个人的心理活动的固有节律经常处在紊乱状态，不管是什么原因造成的，我们都可以说他的心理健康水平下降了。神经衰弱患者、失眠患者，都属于周期节律性出了问题。

4．意识水平。意识水平的高低，往往以注意力品质的好坏为客观指标。如果一个人不能专注于某种工作，不能专注地思考某一问题，思想经常"开小差"，或者因注意力分散而出现工作上的差错，我们就要警惕他的心理健康问题了。因为注意力水平的降低会影响到意识活动的有效水平。思想不能集中的程度越高，心理健康水平就越低，由此而造成的其他后果，如记忆水平下降等也越严重。

5．暗示性。易受暗示的人，往往容易被周围环境的无关因素引起情绪的波动和思维的动摇，有时表现为意志力薄弱。他们的情绪和思维很容易随环境变化，给精神活动带来不太稳定的影响。当然，受暗示这种特点在每个人身上的确存在着，但水平和程度差别是较大的，女性比男性较易受暗示，经验少的人较经验多者易受暗示。

6．心理康复能力。在人的一生中，谁都不可避免遭受精神创伤，在遭受精神创伤之后，情绪极大波动，行为暂时改变，甚至某些躯体症状都是可能出现的。但是，由于人们各自的认识能力不同，人们各自的经验不同，从一次打击中恢复过来所需要的时间也会有所不同，恢复的程度也有差别。这种从创伤刺激中恢复到往常水平的能力，称为心理康复能力。康复水平高的人恢复得较快，而且不留什么严重痕迹，每当再次回忆起这次创伤时，他们表现得较为平静，原有的情绪色彩也很平淡。

7. 心理自控力。情绪的强度、情感的表达、思维的方向和思维过程都是在人的自觉控制下实现的。所谓不随意的情绪、情感和思维，只是相对的。它们都有随意性，只是水平不高以致难以察觉罢了。对情绪、思维和行为的自控程度与人的心理健康水平密切相关。当一个人身心十分健康时，他的心理活动会十分自如，情感的表达恰如其分，辞令通畅，仪态大方，不过分拘谨，不过分随便。这就是说，我们观察一个人的心理健康水平时，可以根据他的自我控制能力如何进行判断。为此，精神活动的自控能力不失为一个心理健康指标。

8. 自信心。当一个人面对某种生活事件或工作任务时，首先是估计自己的应付能力。有些人进行这种自我评估时，有两种倾向，一种是估计过高，另一种是估计过低。前者是盲目的自信，后者是盲目的不自信。这种自信心的偏差所导致的后果都是不好的。前者由于过高的自我评估，在实际操作中因掉以轻心而导致失败，从而产生失落感或抑郁情绪；后者由于过低评价自己的能力而畏首畏尾，因害怕失败而产生焦虑不安的情绪。为此，一个人是否有恰如其分的自信，是精神健康的一种标准。"自信心"实质上是正确认知自我的能力，这种能力可以在生活实践中逐步提高。但是，如果一个人具有"缺乏自信"的心理倾向，对任何事情都显得畏首畏尾，并且不能在生活实践中不断提高自信心，那么，我们可以说，此人心理健康水平是不高的。

9. 社会交往。人类的精神活动得以产生和维持，其重要的支柱是充分的社会交往。社会交往的剥夺，必然导致精神崩溃，出现种种异常心理。因此，一个人能否正常与人交往，也标志着一个人的心理健康水平。当一个人毫无理由地与亲友和社会中其他成员断绝来往，或者变得十分冷漠时，这就构成了精神病症状，叫做"接触不良"。如果过分地进行社会交往，与任何素不相识的人也可以"一见如故"，也可能是一种躁狂状态。在现实生活中，比较多见的是心情抑郁，人处在抑郁状态下，社会交往受阻较为常见。

10. 环境适应能力。在某种意义上说，心理是适应环境的工具，人为了个体生存和种族延续，为了自我发展和完善，就必须适应环境。因为一个人从生到死，始终不能脱离自己的生存环境。环境条件是不断变化的，有时变动很大，这就需要采取主动性的或被动性的措施，使自身与环境达到新的平衡，这一过程就叫做适应。主动适应，其内涵是积极地去改变环境；消极适应，其内涵是躲避环境的冲击。有时，生存环境的变化十分剧烈，人对它无能为力，面对它只能忍耐，即进行所谓的"消极适应"。"消极适应"只是形式，其内在意义也含有积极的一面，起码在某一时期或某一阶段上有现实意义。当生活环境条件突然变化时，一个人能否很快地采取各种办法去适应，并以此保持心理平衡，往往标志着一个人心理活动的健康水平。

（三）心理素养与身心健康的密切关系。曹操曾经作过一首《龟虽寿》，诗中说："盈缩之期，不但在天；养怡之福，可得永年。"这几句诗的意思是说，人的寿命不只由天来决定，还取决于自身的保养因素。日本人的平均寿命在二战以后大幅度提高。1953 年，平均寿命男性为 50.6 岁，女性为 53.8 岁，平均约 52 岁；2004 年（2006 年披露的统计数据），男性为 79 岁，女性为 86 岁，平均约为 82 岁。从这组数据可以看出，日本人的平均寿命 50 年增长了 30 岁，增长了 60%。这说明，后天因素对于人的健康长寿还是起主要作用的。1992 年，世界卫生组织宣布，影响每个人的健康与寿命的诸多因素中，15% 取决于遗传因素。统计资料显示，在慢性病中，内因所起的作用不是主要的，只占 15%，外因占 85%。其中社会因素占 10%，医疗因素占 8%，气候地理因素占 7%，而个人生活方式、行为习惯占 60%。因此，可以通过外因调控来减少疾病，延缓衰老，延年益寿。

影响人类健康的因素主要有三个方面：一是社会环境因素，二是生物因素，三是心理因素。导致人生病的原因，用中医的理论来表述的话，主要包括以下几个方面：一是六淫外感，二是七情内伤，三是饮食劳作，四是房事，五是蛇兽伤。这里面所说的七情，即喜、怒、忧、思、悲、恐、惊七种情志变化，就是前面所说的心理因素。在正常的情况下，一般不会使人致病。只有突然、强烈或长期持久的情志刺激，超过了人体本身的正常生理活动范围，使人体气机紊乱、脏腑阴阳气血失调，才会导致疾病的发生。由于它是造成内伤病的主要致病因素之一，故称"七情内伤"。中医认为，不同的情志变化对各脏腑有不同的影响，《素问

·阴阳应象大论》说，"怒伤肝"，"喜伤心"，"思伤脾"，"忧伤肺"，"恐伤肾"。《灵枢·口问》说："心者，五脏六腑之主也……故悲哀愁忧则心动，心动则五脏六腑皆摇。"脏腑气血的变化，也会影响情志的变化。如《素问·调经论》说："血有余则怒，不足则恐。"《灵枢·本神》又说："肝气虚则恐，实则怒。心气虚则悲，实则笑不休。"人们的心理压力过大，会使人出现忧郁、躁狂、焦虑或紧张情绪，严重者甚至会引发精神疾病或自杀。

人的心理、情绪与健康长寿有着密切的关系。经常处于心理紧张状态下的人，往往容易罹患疾病。相反，乐观、豁达和坚毅无畏的精神，则能增强人体的抗病能力。因为过度紧张会使心跳加速、血压升高、呼吸急促、胃肠等脏器供血不足等，时间一长，就容易引起身体机能乃至器质的变化。严重的会发生脑血管破裂或造成致命性的心肌梗死，轻微的会出现消化道痉挛、疼痛等。过于忧愁，也会罹患疾病，导致短命。

洪昭光医生曾经讲过一个故事：东北有个病人38岁，有一天感到肝区疼痛，去做B超，医生告诉他："不得了！肝脏长了一个瘤，7厘米，转移了。"他一听，当时脸色苍白，站不住了，摔在地上。回家以后，一宿没睡，心想：孩子刚8岁，自己死了以后，孩子谁来抚养？他整宿没睡，到天亮更疼了，到医务所一看，医务所大夫说："肝癌晚期，没办法。你喜欢吃什么，就赶紧吃什么；你喜欢玩什么，就赶紧玩什么，反正没多长时间了。"拖了半个月，他皮包骨头，起不了床。工会主席赶紧提了点心、水果去看他，问他："最后还有什么要求吗？"他回答："别的没什么，我最大遗憾就是没去过北京天安门，我能看看天安门，死而无憾。"工会主席一想，行，那让你去看看天安门。"去不了，我起不来了。""不要紧，破例。"四个小伙子用担架抬他上火车，看完北京天安门，该回去了，有人说，既然到了北京，看看有什么好的医生、好的办法。结果到北京一家医院，老教授认真给他做B超。他问："什么病啊？""你没有病。""嗨，我怎么没病，我肝疼啊，都快死了！""你是吓出来的。""怎么回事呢？""这个多了，很多人都像你一样得的囊肿，诊断却是癌症，结果精神崩溃了，一病不起。实际上，什么病也没有。"医生跟他这一解释，四个小伙子一听，可高兴了，你没有病，我们还抬着你干什么，扔下担架就跑了。这样，他慢慢相信了，回到东北又能吃又能喝，又能上班了。

一个人的生理健康水平会影响心理健康水平。人的躯体性疾病、生理缺陷会给人的心理特点和心理状态带来负面影响，使人产生焦虑、忧愁、烦恼、抑郁等不良情绪，影响人的情感、意志、性格乃至人际关系的和谐。同时，心理健康水平也影响生理健康水平。只有健康的心理才能培养健康的身体。例如，乐观、愉快、自信、平和的心态有助于提高人的免疫能力，使人有效地抵抗疾病的侵袭，从而促进身体健康。而心理上的不健康，如长期的过度焦虑、忧虑、烦恼、抑郁、愤怒，会导致生理上的异常或病变，引发心身疾病。心身疾病是心理因素在疾病起因中占较大成分的疾病，或者说是主要由心理——社会因素引起的与情绪有关而呈现身体症状的躯体疾病。人是一个生理和心理紧密结合的有机整体，精神和躯体在同一生命进程中共同起着作用。那些与情绪联系密切、由植物神经系统支配的器官系统更易患这种疾病。讨论到这里，大家会清楚地认识到，良好的心理状态，对于健康是何等重要！

作为教师这样的职业，长期处于一种紧张状态，几乎每天都能遇到各种矛盾和问题，心灵经常处在一种失衡态势，如果没有良好的心理素养，如果不善于及时地进行自我心理调适，必然会使自己的身心状况逐步滑坡。目前，很多教师的心理处于一种亚健康状态，甚至是病态，除了与他们的职业压力过大有关系以外，还与他们缺乏心理素养有直接关系。

# 第十章 教师应该具有创新能力

教育创新是培养民族创新精神的主要动力，也是实现21世纪中华民族伟大复兴的关键，创新是世界许多国家教育发展的焦点和核心，实施科教兴国和推进素质教育就是要加强教育创新。作为新时期的人民教师在大力推进课改进程的今天，必须以创新精神统领自己的教育生涯，为开启创新之门打下坚实的基础。

创新能力是主体在创新活动中表现出来并发展起来的各种能力的总和。也就是说，创新能力就是提出新问题，解决新问题，创造新东西的能力。

创新能力是一个人整体素质的核心。它不仅仅表现为智力方面对知识的学习和运用，对新思想、新技术的发明，而且是一种追求创新的意识，是一种发现问题并积极探索的心理取向，是一种善于把握机会的敏锐性和积极改造自己、改造环境的应变能力，因而它更是一种人格特征，一种精神状态。所以，创新能力是一种综合素质。创新能力也是教师各种能力中的高层次的能力。创新能力包含创新意识、创新思维、合理的知识结构和创新行为四个基本要素。能不能具备创新能力是衡量一位教师是否成为创新型教师的重要标准。创新型教师的人生应该是"年年春草绿，年年草不同"。

国家教育部副部长吕福源在"全国首届创新教育研究与实验学术研讨暨课题工作会"上的讲话中指出："创新教育不是左脑或右脑的教育，而是全脑教育；创新教育不仅是认知教育，而是知、情、意并用的个性的整体教育；创新教育不仅是智育，而是全面教育；创新教育不是尖子教育，而是全员教育；创新教育不是课外教育，而是课内外相结合的教育；创新教育不是某段教育，而是全程教育；创新教育不仅是学校教育，而且是学校、社会、家庭一体化的教育。"因此，创新教育是人类教育史上迄今为止最高级的一个阶段，是能够揭示、展现和强化人类创造性的理想化教育。可以说，创新教育就是指根据创新原理，运用教育技术，优化组合教育资源，通过学校课堂教学和课外活动等途径，培养学生具有一定的创新意识、创新思维、创新能力和创新个性为主要目标的教育理论和方法。

创新型教师的名词是伴随创新教育应运而生，由于对创新教育的概念研究存在着较多的角度，因此，对创新型教师的定义说法不一。美国学者史密斯（R. Smith）认为，所谓创新型教师，就是那些善于吸收最新教育科学成果，将其积极运用于教学中，并且有独特见解，能够发现行之有效的新教学方法的教师。我国的教育专家申纪云先生在《创造性教学》一书中认为，创新型教师具有创造性教学思想和教学方法，善于从客观的实际和具体的教学条件出发，制定最优化的教学方案，致力于培养创造型学生和卓有成效的教师。

创新型教师有其突出的特征，一是创新的教育观，二是丰富的知识结构，三是较高的教学能力，四是较强的管理能力，五是高尚的职业道德。

创新型教师不仅使学生知道过去，尤其重视教学生关心明天，创造更加美好的未来；不仅是指导学生智慧生活的"严师"，而且是拓展学生心灵和智慧的"人师"。他们能准确判断教育环境对学生的影响力，具有创设促进学生创新和个性发展的教育环境的能力，提供合乎学生心理发展的学习活动，以促进学生创造人格的发展；能指导学生利用现代信息技术收集和处理信息，促进学生的创新活动；同时创新型教师本身就是一个富有创新精神和能力，对错综复杂的多元社会应付自如的创新楷模，给学生的创新提供精神导航。

## 第一节　体察创新的意义

纵观人类文明史，不难看到，人类的历史实质上就是一部创新活动的历史，是人类在不断地改造客观世界的同时也改造主观世界从而不断获得自由和进步的历史。江泽民强调："创新是一个民族进步的灵魂，是一个国家兴旺发达的不竭动力，没有科技创新，总是步人后尘，经济就只能永远受制于人，更不能缩短差距。当今世界的竞争，归根到底，是综合国力的竞争，实质则是知识总量、人才素质和科技实力的竞争。""一个没有创新能力的民族，难以屹立于世界先进民族之林。"江泽民在全国第三次教育工作会议上阐述的中华民族光辉的四大发明史、屈辱的半殖民地史、崛起的改革开放史，无不证明了这一论断的正确性。

**一、生活因创新而美好**

创新是人类生生不息、永远向前的动力，是人类兴旺的不竭源泉。人类的生活就是为了生存和发展而进行的各种活动，包括政治生活、物质生活和精神生活。物质生活是政治生活和精神生活的基础。有史以来，人类一直在为物质生活水平的提高而辛勤地劳作着，无论是工业革命以前的农业经济阶段，还是工业革命中的资源经济阶段，概莫能外。就是工业革命后人类进入知识经济时代的今天，世界各国仍在全力发展经济，改善人民的生活。人类生活水平逐渐提高，创新起到了决定性作用，人类生活的一切领域都在创新中前进，经济、技术、科学、文化、教育、卫生、商业、金融等无一例外地由低级向高级发展，而这种发展进步给人类和生活带来极大的方便，丰富了人类生活的形式和内容。由于创新活动的不断开展，人类进入了工业社会，蒸汽机车和内燃机车的出现，彻底改变了人类的交通运输形式，在速度和运量等方面产生了质的飞跃。特别是21世纪知识经济的到来，生活因创新大放异彩。人们的交通打破了"地上走"和"水上漂"的单调形式，"地下钻"（地铁）和"天上飞"成了时尚，这美好的一切，无不是创新之花在大放异彩。

**二、教育因创新而发展**

联合国教科文组织在其发表的一份重要研究报告《教育——

财富蕴藏其中》中提出："教育应为人的一生幸福作好准备，未来教育的四大支柱是通过教育使学生学会认知，学会做事，学会共同生活，学会生存。"我国近几年来启动的新课改教育理论、教育思想、教育目标、教学内容、教学方法、教育体制等诸方面都为教育的发展开创了前所未有的新局面。

当前，我国正在普及九年义务教育，它标志着我国的教育观念从传统到现代化，从少数到多数，从个人权利到社会义务发生了革命性的转变，教育"面向现代化，面向世界，面向未来"；面向全体学生，为学生的全面发展创造十分有利的条件；各级各类教育蓬勃发展，这一切都是创新之花所结出的丰硕成果。

### 三、工作因创新而精彩

创新是教师教和学生学的内在动力和最高境界，如果没有创新，人的生命就毫无意义。只有创新，学校才会成为学生健康成长的乐园，教师发展成熟的家园。教育的功能在于使受教育者成为社会需要的人才，同时又给每个教育者提供了成长的舞台。教师在创新教育活动中，树立了创新意识，增强了创新精神，拥有了创新能力，进而实现了人生价值。他们高尚的职业道德、无私奉献的精神都在创新教育活动中闪光；他们自强不息、严谨治学、精益求精、永无止境的优良品质都在创新教育活动中得到升华；他们渊博的科学知识、丰富的教育智慧、完美的人生境界，同样在创新教育活动中走向成熟。魏书生曾经是辽宁省盘锦市实验中学的校长，兼任两个班的班主任，承担两个班的语文课，经常去外面讲学，却从不让别人给他代课，而他的学生照样考好成绩。这恰恰是他勇于创新的成果，其先进事迹折服了全国无数的中小学教师，成为享誉国内外的教育专家。

## 第二节  领略创新的能力

创新型教师应该具备的创新能力是多方面的，并且随着人类社会的不断进步，教育改革的逐步深化，创新教育的向前发展，创新型教师的创新能力也将不断变化，呈现出不同层次、不同侧面。主要包括：更新观念、不断追求新知的终身学习能力；开发、整合、利用课程资源进行创新设计的能力；构建充满生命活力的创新性课堂教学的能力；积极参与教科研活动，具有较强的科研能力；创新型教师要具备自我反思能力；创新型教师要具备较高的教学评价能力。但就目前创新教育的普及现状，从培养学生创新意识、创新思维、创新能力、创新个性以及促进创新型教师自我发展的角度看，当前急需解决的是，追求全新的教育观能力，实践创新的教学观能力，贯通全新的设计观能力。

### 一、追求全新的教育观能力

随着课程改革的不断深入，无数教育工作者都在思索、探究什么是真正的教育。结果答案不一。有人主张"爱是真正的教育"，"保护是真正的教育"，"树人是真正的教育"，也有人认为"启智是真正的教育"，"传道是真正的教育"，"育才是真正的教育"……众说纷纭，莫衷一是。

（一）教育的本义

"教育"这个词在拉丁文中的原意是"引出"，即把一个真正的人引出来，塑造出来。正如一位智者所说："教育本身就意味着一棵树摇动另一棵树，一朵云推动另一朵云，一个灵魂呼唤另一个灵魂。如果一种教育未能触及人的灵魂，未能引起人的灵魂深处的变革，它就不成其为教育。"所以，没有把人的灵魂牵引到至善、至美、至高的境界的教育，不能称其为真正的教育。

（二）教育的真谛

教育的真谛在于将知识转化为智慧，使文明积淀成人格。

爱因斯坦说："当你把学校教给你的东西都忘记之后，剩下的就是教育。"今天，在全面推进课改的今天，我们应"咀嚼"出其中滋味。爱因斯坦曾告诉我们："教育的永恒是那已站立的灵魂！"雅斯贝尔斯在《什么是教育》中也告诫人们："教育是人灵魂的教育，而非理性知识和认识的堆集。"

（三）教育的任务

古希腊哲学家柏拉图说过："教育的任务不在于把知识灌输到灵魂中去，而在于使灵魂转向。"英国哲学家怀特海指出："教育的全部目的就是使人具有活跃的智慧。要使知识充满活力，不能使知识僵化，这是一切教育的核心问题。"因此，所谓"受过良好教育的人"，绝不是那种仅仅占有了许多书本知识却食而不化的人，而是能够将知识转化为智慧的人。

可见，教育是师生共同铸造灵魂的生命历程。对学生而言，教育直接影响他们当前及今后的全面发展和成长。对教师而言，教育是其职业生活的全部，它的质量，直接影响教师的专业发展和生命价值。每一个热爱学生和自己生命的教师都不应轻视作为灵魂性的教育，必须明确：教育不仅仅是捧上一张张高一级的学校的录取通知书，而且是发现个性，分析个性，发展个性，张扬个性，不搞一个模式，不按一个标准，而最终造就出人人有德，个个成才的活生生的人；教育不仅仅是追求百分之多少的升学率，而且是追求每个学生主动、生动、活泼的发展；教育不仅仅是汇报时的经验与数据，而且是教师与学生共度生命历程、共创人生的体验。

## 二、实践创新的教学观能力

课堂教学不仅具有传达知识的属性，更具有启迪智慧的责任和使命。课堂教学是一种通过知识引导人的智慧成长的艺术，是人对人智慧的引导、激发和唤醒，是人们心灵的体操和精神上的交流与对话。课堂教学既要体现热爱和追求知识，也要体现热爱和追求智慧。我们要大胆实践理想的教学观，积极追求理想的课堂教学目标。

（一）传统的课堂教学方式的延续梗概

课堂教学作为教学方式在我国已有近百年历史。它随着学校的诞生而逐渐形成。20 世纪上半叶主要受日本式的赫尔马特学说控制，50 年代后至"文革"前，则以苏联教育家凯洛夫的教学理论为指导（在教学形式理论方面实质上与西方传统教学论是一致的），在实践中形成了较稳定的传统模式。"文革"结束后，学校恢复正常教学秩序时主要采用的依然是凯洛夫的教学理论。近十多年来，随着教学改革的开展，课堂教学有了不少新的组织形式，开始注重学生的主动创新。但大多数的课在教师的教学观方面，在深层次上并没有发生实质性的变化。

（二）传统课堂教学方式存续的原因

传统的课堂教学方式之所以具有超常的稳定性，除了因为它主要以教师为中心，从教师的教出发，易被教师接受外，还因为它视知识的传授和技能的训练为主要任务，并提供了较明确的可操作程序，教师只要有教材和教学参考书，就能进入规范，依样操作，理论也因此而得以广泛传播，逐渐转化成实践形式，扎根于千百万教师的日常教学观念和行为之中。总之，已有教学理论传统之长，深入实践主根之深，形式硬壳之坚，传习的可接受性之强，都使今日教学改革面临着强劲的真正"对手"。

（三）大胆实践理想的课堂教学观

课程改革要改变的不只是传统的教学理论，还要改变千百万教师的课堂教学观，使他们对课堂教学有一个高层次的认识。

1. 课堂应是师生互动、心灵对话的天地，而不仅仅是优秀教师展示授课技巧的表演舞台。

对于这类现象，华东师范大学叶澜教授有过一段十分精妙的批评：上课是执行教案的过程，教师的教和学生的学在课堂上最理想的进程是完成教案，而不是"节外生枝"。教师期待的是学生按教案设想回答，若不，就努力引导，直至达到预定答案为止。学生在课堂上实际扮演着配合教师完成教案的角色，其中最出色、最活跃的是少数学生。于是，我们见到这样的景象："死的"教案成了"看不见的手"，支配、牵动着"活的"教师与学生，教师是主角，好学生是配角中的"主角"，大多数学生只是不起眼儿的"群众演员"，很多情况下只是"观众"与"听众"。

2. 课堂应是师生共同创造奇迹、唤醒各自沉睡的潜能的时空，离开学生的主体活动，这个时空就会破碎。

让我们听听一名中学生对语文课的看法："我们可以毫不费力地听语文课，这可得归功于教师。教师把课堂分配得既有条又有理，不仅开了路还清了道，根本用不着我们去担心，顺畅得像上高速公路。除了几个读音须要纠正，其他统统不必操心——所有词语教师会为我们解释，免去翻辞典的麻烦；所有的句式教师会为我们分析，把所有难于理解的东西通俗化。而且课堂上从不提问，就是提问也是公开课上，或是为了唤回我们走神的灵魂。我们在课堂上是备受优待的婴儿。这真让我们受宠若惊。我们是在美美享受着'鱼'，但青春的我们并不安分，我们希望自己去'抓鱼'。"

3. 课堂应是向未知方向挺进的旅程，随时都有可能发现意外的通道和美丽的图景，而不是一切都必须遵循固定线路而没有激情的行程。

事实上，日常课堂上"书声朗朗"、"秩序井然"的表象，往往掩盖了学生思维的贫乏、思想的贫困以及才智的消磨。由于学生在那些纯粹的、外在的知识面前逐渐地丧失了个体意识、主体位置、独立人格和自由精神，公共的知识不仅没有内化为他们个人的智慧，外化为他们的实践经验和力量，反而成了他们的思想包袱或精神负担。对许多学生而言，知识只是一种巨大的外部压力，而非个人成长的精神动力，他们并没有感受到知识越多越主动，越快乐，反倒觉得知识越多越被动，越痛苦。

4. 课堂应是向在场的每一颗心灵都敞开温情的双手，平等、民主、安全、愉悦是它最显眼的标志，没有人会被无情打击，更没有人会受到"法庭"式的审判。

在习俗的、日常的课堂情境里，普遍存在着这样一种现象：由于学生以纯粹的知识学习为主以及被过度地看护、管制和规训，他们旺盛的生命活力及其智慧的自由成长，逐渐变得被动、刻板、僵化和苍白了。他们所获取的各种知识与他们自身的心灵需要相分离，并成为了自主发展的异化物，这使得他们逐渐地失掉了个体性、灵活性、丰富性和创造性，他们潜在智慧的成长被阻隔了，遮蔽了。

5. 课堂应是点燃学生智慧的火把，而给予火把、火种的是一个个具有挑战性的问题，让学生走出教室的时候仍然面对问号，怀抱好奇。

有人说，中国传统教育赖以生存的东西有三样：一是"权威"，二是"记忆"，三是"考试"。这大体上是符合实情的。事实上在许多日常的课堂环境里，由于学生们没有享受到做知识主人所特有的学习原动力、兴趣、激情、自信心、内在感受力、思维的警觉性和创造性，因而成为了法定、权威、强制、统一以及以考试为唯一价值指向的学科规范知识教学体系的"容器"或"奴隶"，成为了公共知识教育产品的单向接受者和指定"消费者"。著名科学家爱因斯坦曾经感叹："现代的教育方法，竟然还没有把研究问题的好奇心完全扼杀掉，真可以说是个奇迹。"在大力倡导改革基础教育、提高学生的创新精神和实践能力的今天，我们有太多的理由去审视课堂教学，检讨那个我们早已习以为常、约定俗成的地方。

## 三、贯通全新的设计观能力

新课程明确提出要实现三维目标：知识与技能，过程与方法，情感态度与价值观。这为我们构建起了课堂教学比较完整的目标体系。我们的课堂教学设计要由以知识本位、学科本位转向以学生的发展为本，真正对知识、能力、态度进行有机的整合，体现对人的生命存在及其发展的整体关怀。因此，我们所说的教学设计应呈现出如下几个鲜明的特征：

它不是对课堂情境进行面面俱到的预设，它只描述大体的轮廓，它只明确需要努力实现的三维目标，它给各种不确定性的出现留下足够的空间——并把这些不可预测的事件作为课堂进一步展开的契机。

它不是外在于教师精神生命的"怪物"，而是教师生命力的载体和再现，它是教师构思教学的过程，它凝聚着教师对教学的理解、感悟和对教育的理想追求，闪烁着教师的教学智慧和创造精神。一句话，它是教师教学过程中的创造性劳动。

它不是一出已经定稿的剧本，而更像是一部不能画上句号的手稿，它一直处于自我校正、自我完善的动态发展之中。它是课前构思与实际教学之间的反复对话，是一次次实践之后的对比、反思和提升，至少，它的重要意义并不体现在课前的一纸空文，而是展现于具体的教学过程、情境和环节之中，完成于教学之后。

它始终充满悬念，因而可能不断产生令人激动的亮点。惟其如此，它才能与教学现实相融合，并因此而丰富自己，获得旺盛的生命力，才有可能凝炼为可供愉悦对话的文本。

有的学者就提出，新课程的教学设计应该包含三大全新观念：生活性、发展性和生命性。

（一）生活性

杜威说过："教育即生活。"他还指出："教育既然是一种社会过程，学校便是社会生活的一种形式。"我国教育家陶行知认为，"教育要通过生活才能发挥出力量而成为真正的教育"。因此，知识的课堂须要向生活世界回归，因为"学生"这一概念的根本内涵在于学习人生和学会生活，即学习和学会过有本领、有意义、有品位、丰富多彩的生活。它意味着教育即时即刻地保持着生活的素材、样态，弥漫着生活的气息，彰显着生活的色彩。课堂里的日常事件固然是简洁和简约的，但这简洁和简约不等于简单和单调，更不等于机械和僵化。

可见，让课堂与生活紧密相连，是新课程教学的基本特征。因为我们知道，只有植根于生活世界并为生活世界服务的课堂，才是具有旺盛生命力的课堂。所以新课程强调突破学科本位，砍掉学科内容的繁、难、偏、旧，把课堂变成学生探索世界的窗口，学生活中的数学，读身边的语文，探寻大自然的奥秘，获得合作的乐趣，将生活融入课堂甚至成为课堂教学。课堂教学本身就是生活，经历、体验、探究、感悟构成了教学目标最为重要的行为动词。因此，教学设计必须贴近学生生活而又高于学生生活。

（二）发展性

在新课程中，教学的根本任务，就是促进每一位学生的发展，因此教师的教学设计要具有挑战性，面对挑战，学生处于一种爬坡登山境地，但绝不是令人绝望的峭壁，它只是挑战一个人的智慧，只是一时的"山重水复疑无路"，过后就是"一览群山如泥丸"的豁然开朗，茅塞顿开，柳暗花明。

在这种教学设计下的课堂里，我们看到的是学生潜能的如花绽放，师生之间的智慧交融。这样的课堂必须面对无数的不确定性，它乐意向这些不确定性开放，一个对新课程理念融会贯通的教师明白，这些不确定性很可能具有独特的教育价值，它们本身就是教学过程不可或缺的一部分。布卢姆说："人们无法预料教学所产生的成果的全部范围，没有预料不到的成果，教学也就不成其为一种艺术了。"

（三）生命性

很长一段时间以来，我们的教学缺乏对人的关注，缺少对生命的关怀和人文主义教育。对此，一位知名的新课程专家特别希望教师在教学设计时具备真正的学生意识（是不是按照学生思维来设计教学了）、童年意识（是否把学生提出的稚嫩问题和"天真"想法当作宝贵的教学资源了），知道敬畏生命，并以"给知识注入生命，知识因此而鲜活"，"给知识注入生命，知识因此而厚重"这样的座右铭来激励自己设计教学。

在新的教学设计观的课堂上，我们将看到这样的景象：即使是知识、技能的传授，也融入了师生共同分享成功的喜悦，也充满了美丽的想象，有时还不乏人生智慧的火花，就更不用说那些本身就富有人文气息和生命诗意学科的教学内容了。因此，这样的每一堂课，都是师生人生中美好的记忆，都是不可重复的生命体验。

当前，课程改革已进入健康发展、全面推进阶段，我们广大教师一定要勇于实践，与创新同行，伴创新发展，在教育改革的大潮中，经风雨，受锤炼，成为一名当之无愧的奉献型、专家型、创新型的人民教师。

## 第三节　激活你的潜能，走上创新之路

人的本质是创新，只有不断创新，才能使人在认识世界、改造世界的实践过程中，焕发出无限的潜能，不断地适应人类生存发展的需要，在认识，改造自然和人类社会的过程中，成为社会活动的主体，成为社会关系的创造者。创新不容易但并不神秘，

可以说，任何人都可以创新，凡是在社会历史领域进行活动的人，都是具有创新意识、创新精神、创新能力的人，人类的历史就是不断创新的历史。教师作为社会历史活动领域中重要的一员，创新是以对现实的否定评价为先决条件的，当教育现实不能满足社会的需要时，就要对现实进行批判，实现理想世界的追求，进行创新性的教育实践。教育创新的本质是进取，是不做复制者，教师只有激活自己的创新潜能，才能走上创新之路，才能以其创造性的劳动推进社会文明，实现自身价值。

思想是行动的先导，观念是行动的灵魂，观念指导行动，行动又深化观念的转变。没有正确的教育观作导向，就不会有教师扎实有效的创新实践。

## 一、以人为本，激发智能

"以人为本"的实质是突出人的主体地位，相信人，尊重人，依靠人，发展人。确立"以人为本"的新观念教师应具有：

（一）发展的学生观

教师创新的阵地在课堂，课程改革要求教师把学生看作知识的建构者，学习是经验的重新组织和重新理解的过程。在此过程中，学生，不再是接受知识的容器，而是发展的人、独特的人、具有个性特征的人，尊重学生本位、学生主体、学生个性。学生是自主的学习者，通过自主的知识建构活动，学生的创造力、潜能、天赋等得以发挥，性情得以陶冶，个性得以发展。

（二）正确的教材观

课程改革要求教师重新认识教材，要把教材看作引导学生认知发展、生活学习、人格建构的一种范例和中介。

（三）共建的课堂观

教学，不再是单纯的知识传递，要由传统的知识性教学转向现代的发展性教学，实现师生交往，积极互动，共同发展。新的教学观要求：教学需要智慧，需要根据教育对象的需求灵活调整教学活动的过程，需要教师的理论修养，经验积累以及灵活的技能。教学也不只是转化课程内容以达成学生学习的过程，而是师生共同构建知识的过程。课堂是师生开展多种活动从而建构知识，探究真理，发展能力，交流沟通，陶冶情操的地方。

（四）合作的教学活动观

牢固树立新课程要求的教学观回归教学的本质："师生交往、积极互动、共同发展。"新课程强调教学是教与学的交往、互动，师生双方相互交流、相互沟通、相互理解、相互启发、相互补充的过程，在这个过程中，教师与学生分享彼此的思考、见解和知识，交流彼此的情感、观念与理念，丰富教学内容，求得新的发现，从而达到共识，共享，共进，实现教学相长和共同发展，师生互教互学，形成一个真正的"学习共同体"。新课程强调教学应当关注人，关注每一名学生，关注学生的情绪生活和情感体验，关注学生的道德生活和人格养成。教师，不再是课本知识的二传手，而是构建新课程的合作者，不再是"以本为本"，视教材为"圣经"的信徒，而是回归生活，回归儿童。教师要从知识的传授者、灌输者、拥有者转向教学活动的组织者、帮助者、服务者；从权威者、训导者、管理者转向引导者、激励者、服务者；从课程实施的被动者转为课程实施的研究者。教学过程成为知识的自主构建过程，同时应该是师生对话、交流、合作的过程。

（五）发展的评价观

质量，不仅仅是指掌握的知识和技能，还包括过程与方法的体验，情感态度价值观的培养和效果。评价，不再是强调"甄别"与"选拔"，而是强调"促进学生发展和教师提高"，"改进教学实践，创造适合于儿童的教育"，教师要能够主动地顺应现代教育发展要求。"以学生发展为本的教育价值观、正确的课程观、教学观、学生观、评价观"等诸多现代教育观念的树立，是时代和社会对教师提出的客观要求，教师的教育观念直接影响着教师的社会知觉、判断等心理过程，决定着教师的教育教学行为，直接影响着学生的成长，也是教师自身成长的支撑品质，评价是促进师生发展的一个途径。研究"评价"，探索"发展性评价"的操作要领：新课程倡导发展性评价，评价应该充分注重过程的客观标准，以此关注真实任务的解决，强调知识的实用价值；评价的标准应多样化，因学习者、学习环境、学习内容而区别对待。

为此，教师要实现六个转变。一是教师的职业观，要从做"教书匠"式的教师，向承担"作为一个教育家所应有的使命"转变。二是教师的教育主体观，要从以师为本转向以学生为本。

三是教师的师生关系观，要从传统的"师道尊严"，转变为师生是伙伴关系、朋友关系。四是教师的教学观，要从"为教而教"转为"教是为了最终达到不需要教"。五是教师的责任观，要从为学生升学负责，转变为对学生的一生负责，从为学生的学习、升学做规划，转变为"为学生的一生做规划"。六是教师的成才观和发展观，要从一次性拿到资格证书可以当一辈子教师，转变到当一个好教师必须终身学习的态度。因此，教师的价值体现，从主要在于拥有知识，转向知识水平与道德情操的完美统一。

## 二、专业自主，完美个性

一个好的教师首先是一个有独特人格的人，是一个知道运用"自我"作为有效工具进行教学的人。教师的职业生涯充满了创造性，新课程不需要教师太多的模仿，而提倡高度个性化的、多姿多彩的创新的教学，其非常重要的前提条件是教师能够做到专业自主，能够自主独立地解决问题。因此，教师要增强教师职业自信心，在教育实践中发挥主动性、创造性，只有自主研究才能产生不同的方法，上出"自己的课"，形成富有个性的风格。

（一）正确认识人的个性

教育心理意义上的个性，指一个人的整体的精神面貌或心理面貌，即具有一定倾向性的心理特征的总和。个性结构是多层次的、多侧面的，由复杂的心理特征的独特结构构成的整体。这些层次有：（1）完成某些活动的潜在可能的特征，即能力；（2）心理活动的动力特征，即气质；（3）完成活动任务的态度和行为方式方面的特征，如动机、兴趣、理想和信念等。这些特征不是独立存在的，而是错综复杂交互联系的，有机结合构成一个整体，对人们的行为进行调节和控制。

有的学者从哲学上分析认为"个性"具有如下特征：第一特征是认识自己；第二特征是发现自己；第三特征是"自我判断"；第四特征是"个人需要"。教师的"个性"要与"社会"的需要高度统一，要学会认识自己，改造自己和发展自己。

国际社会对于人的个性在以下几方面已取得共识：第一，个性是完整的，创造力、想象力等品质是个性健全发展的表现。个性是道德、体力、智力、审美意识、敏感性、精神价值等品质的综合，分离出来孤立地培养，就会造成人格分裂。第二，个性是独立的、具体的、特殊的。尽管个性发展离不开与他人交往，但每一个性都首先具有内在的独立性。把个人看作具有特性的人。然而，每一个学习者的确是一个非常具体的人，他有他自己的历史，有他自己的个性。第三，个性发展内在地包含了社会性的发展，每个人的发展必然带来整个社会的发展。第四，个性发展是一个无止境且需要完善的过程。

具体到每一个人来说，个性不同于他人的价值、才能、情感、意志和行为方式，是一个不同于他人的性格构架，鲜明直接地体现人的独特性，因此，在一定意义上说个性孕育创新。创新能力的源泉只属于个人，群体的创新力是个体创新能力的集合和互补，鲜明的个性是发挥创新能力的前提，任何创造都闪耀着个性的光辉，没有个性的解放就谈不上社会广泛的创新能力的形成。二十一世纪是创新的世纪，是尊重个性，弘扬个性的世纪。也只有充分尊重每一个生命个体，调动其丰富的创新力量，在提高民族素质的旗帜下弘扬个性，积极肯定广大教师的创造本质，积极调动教师的创造潜力，我们的教育事业才能生机勃勃，才能够呈现出一派欣欣向荣的景象。

有价值的教育一定是高度发展个性的教育。在全社会尊重个性的前提下，广大教育工作者必须进行观念更新，改变传统教育中过分提倡社会性、过多注重应试性和过度倡导师道尊严的观念，大胆地进行教育观念创新，实践崭新的、现代的、更科学的教学思想和教育模式。要跳出思维定势，鼓励个性张扬。著名教育家苏霍姆林斯基说过："人的个性是一种由体力、智力、思想情感、意志、情绪等熔化的最复杂的合金，不了解这一切就谈不上教育。"营造一个个性得以自由发展的宽松的氛围是开发人的创造力的一个必不可少的重要条件，压抑个性自由就是抑制创造欲望，埋没创造人才，扼杀创新的生命。

（二）教育呼唤个性

有人说："教育是人们寻求解放，从狭隘走向广阔的过程。"个性、独特性和多样性，既是教育的重要资源，也是教育追求的目标。衡量一个社会文明程度的一个重要的尺度就是看它在多大程度上，多大范围内，为个人的全面发展提供了可能性。这种可能性实质上就是人们对自己的生存、发展方式的可选择性。社会的进步总是伴随着人们拥有愈来愈多地选择的机会和可能。学会选择就成了一个更加文明、人道、合理的时代的人们必备的素质和能力。在一个变得越来越多样、越来越丰富、越来越便利的社会，人生的历程真正成为一个不断选择的过程。民主化、个性化教育自然须要以教育的内容、教育的方式的可选择性为条件。

创新意识最鲜明的特点是一种氛围。这种氛围里充满着期待、鼓励、热情、包容。每个人在心底里都想与众不同，我们的教育要有这种包容和气度。学生的思想上的出格，也许是百分之九十九的无意义，但可能有百分之一的创新的萌芽，为了这可能的百分之一的创新的萌芽，我们要去包容那百分之九十九的错误。如果学生来讨论问题，我们是热情的、鼓励的、期待的；如果学生提出不同的见解，我们是和蔼的、理解的、平等的；如果学生对我们的批评，我们是虚心的、诚恳的、接受的，那么，我们自己创设的人文的、内在的、主体的、灵动的环境，就更能体现教育主体的能动的发挥空间，更能体现教育者的见识、胸臆和襟怀。教育呼唤个性的张扬，学生有尊严的选择，是教育的民主与进步。

创造性的教育教学活动离不开教师的独立思考、自主意识和怀疑精神。没有独立性就没有个性发展，也就无从谈起教育创新。教师只有具备创新的个性倾向性才能产生创新的意识与行动。当然，这种独立性是建立在教育教学规律的基础上的，因此说是完整的独立性。我们要培养鲜活的有个性的学生，首先要培养有个性的教师。

（三）完美你的个性

教师在现代社会中的角色是复杂的，工作中既需要从事高强度的脑力劳动，还要承担培育下一代的重任；生活中既要承担其为人子女、为人父母的责任，还要处理好与领导、同事的关系。工作生活中的种种因素对教师的心理形成了无形的压力，教师的心理直接影响教师完美个性的形成。这就需要教师注重心理健康。

1. 时时要有乐观向上的积极情绪，保持振奋的精神，增强心理承受力，激发竞争意识。要充分地了解自己，对自己的能力作出恰如其分的判断，如果勉强去做超越自己能力的工作，不仅力不从心，与身心大为不利，还会由于超负荷的工作，给健康带来麻烦。生活目标要切合实际，自己的经济条件和生活环境有一定限度，如果生活目标定得太高，必然会产生挫折感，不利于身心健康。要善于自我否定，善于吐故纳新，做到排除固定观念，大胆怀疑和具有否定精神，坚持真理修正错误，用正确的新观点、新结论来代替纠正和发展各种理论和学说。

2. 用自己的方式处理教育教学问题，教师不仅应具备求真务实、勇于创新、严谨自律的治学态度和学术精神，同时要用自己的方式处理教育教学问题，不要盲目崇拜、盲目套用，要充分发挥自己的创新能力，严谨笃学、与时俱进，这样才能创造性地解决教育教学问题，相信自己有能力通过自己的学识和创意去把学生教好。

3. 要与外界环境保持接触，因为人的精神需要是多层次的，与外界接触，一方面可以丰富精神生活，另一方面可以及时调整自己的行为，以便更好地适应环境。要有一定的涵养，能适度地表达和控制自己的情绪，充分地发挥自己的才能与兴趣，在不违背社会道德规范下，个人的基本需要应得到一定程度的满足。总之，具有豁达开朗的性格，宽宏大度的胸怀，良好的人际关系，个性才会完整和谐。

教师要形成完美的个性，必须自己解放自己，少一点功利心，多一点使命感；要自己解剖自己，少一点察言观色，多一点自我批评；要自己完善自己，少一点行毁于随，多一点业精于勤。

学生喜欢的是有热情并富于鼓动性、情绪积极稳定、外向合作、耐心细致、真诚坦率、客观公正、作风民主的教师，这也需要教师学会调节自己的情绪，平衡心态，让健康的心理发展生成良好的个性品质，在教育实践中不断完美自己的个性。

教育充满机遇，也充满艰辛，没有良好的心理品质作保证是难以走上成功之路的，也难以完美自己的个性。教师只有完美自己的个性，才能以高尚的人格塑造人，以渊博的知识培养人，以科学的方法引导人，以优雅的气质影响人，在教育中与学生共同成长。

一个教师从教学新手到合格教师、骨干教师、科研型教师的发展过程，实际上是从爱岗敬业到岗位成才、岗位成名成家的发展过程，是从教育教学实干型、探索型到创新型的发展过程，是教师从知识积累、经验积累到方法积累、思想道德积累，形成鲜明个性风格，立一家之言，创一家之说，创一家学派的发展过程。从这个意义上完全可以说，个性是教师的独有财富。

### 三、抢抓机遇，彰显潜能

每个人都具有创新的潜能。但不一定每个人都具备将创新潜能激发出来的环境和氛围，如同一颗种子掉在地上一样，如果土壤适宜，它将幸运地生根发芽，开花结果，反之则不然。新课程一方面在教学的广度、深度上给教师留有很大的创造空间，一方面多用"范例"来体现教学目标和任务，要求教师要结合本地实际进行选用或重建。教师要注意训练开发自己的潜意识的无限储蓄记忆功能，给潜意识输送更多的相关信息和基本常识知识、专业知识，以便协助潜意识为自己的创造新思维和其他聪明才智服务。注意训练对潜意识的控制能力，对一切消极失败的心态信息进行控制。不让他们进入自己的潜意识之中，让失败、消极的潜意识像毒草化成肥料一样变成有益于成功的思想知识。注意开发利用潜意识自觉思维创造的智慧功能，帮助自己解决问题，获得创造性灵感。还要注意捕捉机遇，使创造性潜能得以充分彰显，教师才能适应新课程的发展需要。

（一）在机遇出现时展示潜能

人们常说，机遇偏爱有准备的头脑。在机遇出现时怎样抓住它来展示自己的潜能，钱梦龙、窦桂梅两位老师给我们提供了有益的启示。

1979 年上海教育局在钱梦龙所从教的嘉定二中召开上海郊区重点中学校长研究课堂教学现场会和教导主任会议时，当代著名教育流派"语文导读法"的构建者钱梦龙，所执教的文言文《愚公移山》和《观巴黎油画记》深深受到赞誉。他不用当时流行的串讲法，而是在学生自读的基础上，结合对文章内容的理解，通过师生对话，引导学生体会文言词句的含义和表达作用。这样教学文言文，学生学得主动，课堂气氛生动活泼，引起了市教育局领导和校长的兴趣，并给予高度评价。正是这两次授课的机遇，使钱梦龙老师脱颖而出，跻身于大多是教育界早已享有盛名的36名上海市特级教师之列。虽展示的是短短的两节课，却是钱梦龙老师几十年的准备，从上讲台的第一天起，钱梦龙老师就在探索适合自己的教法，从1956年提出的语文教学必须打破常规，到80年代初提出"学生为主体、教师为主导、训练为主线"的教学观以及在此基础上构建的"语文导读法"，经历了漫长的自学、体悟的历程和不懈的探索的艰辛。抓住机遇为明天的事业造就自己，这已被无数成功教师所证实。

清华附小副校长语文特级教师窦桂梅能实现语文教改的三个超越，靠的就是她能抓住机遇，用积极的行动不断向更高的目标挺进。1986年吉林师范毕业的她留校做行政工作，为实现当一名真正的教师的愿望，她凭着年轻人的锐气，在举目无亲的吉林市，跑了教委跑学校，不懈的努力得以改派到吉林市第一实验小学。在近四年的教导处行政工作中，她先后代过音乐、数学、美术、自然、思想品德等课，对一次次争得的机会，她十分珍爱，全身心地投入和研究，教一科爱一科，钻研一科，综合业务素质不断提高。直到1991年，她执著的追求和强烈的事业心终于得到回报。学校交给她一个班级的语文课和班主任的重担，凭着自信、勤奋、恒心、坚韧，她向书本学习，向名师学习，向实践学习，走向教学前沿。"要上公开课"成为她强烈的愿望，为准备一节课，她将45分钟分成2700秒来准备。她抓住吉林省教育学院召开的吉林市德育渗透各学科教学现场会上公开课的机遇，苦心设计的精美艺术品《王二小》一炮打响，展示了自己积淀多年形成的教学艺术才华。她的语文教学是一眼清泉，情感和审美是一条富有诗意的激流，学生的身心在其中得到愉悦和陶冶，学生的综合能力得以提高。因此，自公开课后她用10年时间，获得了有多少人用一生为之奋斗也难以实现的业绩——语文特级教师。

这两位特级教师的成功，说明只要有充分的准备、深厚的积淀，在机遇到来时自身的潜能就能得以展示。而充分的准备离不开对事业的至爱，对目标始终如一的追求和脚踏实地的耕耘，深厚的积淀来自于不断的学习和不懈的实践。

（二）在互动互惠的教学中，挖掘潜能

传统的教学中教师负责教，学生负责学，教学成了教师对学生单项的"培养"活动。新课程改革要求我们建立这样的理念：教学是教与学的交往、互动的过程，是师生互相交流、启发、补充的过程，是互动的各方的情感与体验，思考与发现，共享共进的过程。这个过程体现了师生平等、尊重、互利互惠的"学习共同体"的关系。这种关系不是自然生成的，须要教师引领学生努力去创设。教师只在课堂上关注"师生关系"，只在研究课上

"面带微笑"是打动不了学生的。在班级管理的方方面面都要注意和学生沟通。"俯视使你看到的是满眼黑色，平视使你看到的是满面灿烂，而透视使你看到的是纯真的心灵。"新课程急切呼唤新型教学关系。活跃的课堂、和谐的教学关系不但需要教师有爱学生的情感和责任心，还须要教师做个有心人，去接近学生，研究学生，创造出主动适应学生发展需要的新方法，教师在这一系列教学活动中使自己的创造性潜能得以彰显。

据说在一次新课改调研的座谈会上，一位老教师讲了一个故事。这位教师的教学水平一般，特别是教学语言缺乏色彩，因此在推行课改以前，他的课堂教学很难进入学校评比的二类课。走进新课程后，"教师和学生都是课程的创造者和主体"的理念给了这位老师做好教学工作的信心。他通过多种途径走近学生，了解到学生愿意参与教学的需要。于是，他注意更新课堂教学方法，经常提出问题和学生一起寻找答案，学生的发言越来越精彩，这就弥补了这位老师教学语言平淡的不足。他采用"请你帮老师说明白"，"请你帮老师告诉他"的方式让学生发表见解，大大地提高了学生学习的主动性，自己的课堂教学在学校的评比中进入了一类课。

这位教师在新课程改革师生互动互惠的实践中，去接近学生，了解学生，研究学生，创造适应学生发展需要的新方法，也证明了自己的创造潜能。

（三）创造性地使用教材，释放潜能

新课程提倡教师要"用"教材，而不是"教"教材，这已成为广大教师的共识。但是正确的认识转变成教学行为需要教师付出艰苦的创造性劳动。没有教师对新教材的精心分析和"再创造"，就不能跳出照本宣科的教书匠工作模式。教师"教"教材的主要表现是：以教材为中心来安排教学活动，计划性过强，教学存在程式化倾向，教师上课基本上是"走教案"，教学秩序"有条不紊"，教学进程"按部就班"，学生学到的是书本上知识性的东西，仍然没有摆脱接受性教学。课程改革后，如果教师仍停留在"教"教材的层次，就会感到困惑，因为新教材中拿来就能用的东西很少，课堂教学内容不充实。目前，能够做到"用"教材的教师不多，"用"教材的教师往往对统领教材的课程标准更感兴趣，重视对课程标准的学习和分析，重视研究教材内容间的内在联系，重视理清教材所承载的教学目标、教学任务和教学思路，重视依据学生情况和教材两个方面进行备课，实施"接近式"教学（接近儿童正在进行的生活，接近儿童目前的发展水平，接近课程目标要求，接近儿童兴趣需要）。在教学中，应把一些时间和精力花在研究学生上，注意克服"零起点"教学，"一致性"教学的弊端，主动地对教材"范例"进行重组，修正或置换，以适应不同学生学习的需要。新课程标准和新教材是教师进行课程改革的载体和必要条件。完成好新课程的任务最重要的因素是教师，拿着新教材上课的教师，不一定都能体现新课程的要求。提高教师对新教材的开发能力，对新教材的再创造水平是保障课程改革质量的关键，也是学校教学管理的重点。

（四）创造课堂教学新思路，凸现潜能

新课改强调教学活动要面向学生，面向生活，面向社会，要求教师注重开放性问题的设计、研究，注意培养学生的实践能力和创新意识。新课程对教师的创造力提出了严峻的挑战。教师在走入新课程以后，旧的教案不能用了，旧的课堂教学模式必须改革。只有充分发掘自己的创造力，主动吸纳新思想并不断把新思想转化为新的教学思路和新的教学行为，才能在新课程改革中成为一名优秀教师。创造教学新思路不是一蹴而就的事。创造不是胡编乱造，新思路也不是标新立异，更不是平时功夫不到，只凭着一点小聪明到人前表现，那只能称为"作秀"，不是创新。教师只有扎扎实实地研究课标，研究教材，研究学生，发现激发学生思维的灵感和创造火花，才能创造教学新思路。有了教师的创造性劳动，才会有学生创新思维的发展，才会有课堂气氛的真正活跃，而不是表面上的热热闹闹。新课程需要教师扎扎实实的、富有创意的课堂教学。新课程反对以"学生为主体"为借口，使课堂教学随意性和简单化；也不允许教师有为了"包装"一两节公开课而牺牲诚信教学的"作秀"行为。教师不断发现和创造课堂教学的新思路与新方法，要费很多精力，短时间效果可能还不理想，但坚持下去，对学生终身发展有利。教师不认真研究课堂教学或缺少创新思维，仍然是教师讲的多，学生做的少，那么新课程的教学目标就不能达到。有的教师讲，创造很难，我跟着走都有困难，还谈什么创造。其实，在我们的工作中，你只要信任自己，相信学生，对已有的经验和面对的新问题，多分析，多研究，多反思，多尝试使用新的办法，就会尝到创造的甜头。

（五）营造宽松和谐的环境，生发潜能

新课程条件下的教研活动应具有民主、和谐、相互支持的教科研氛围，应使每个教师的潜能得以挖掘和展现，应是一种充满创造活力的具有开放性和生成性的交流活动。因此，我们积极探索以平等参与为核心的教研方式，如对比式教研、诊断式教研等。对比式教研指在教学研究中，选取同一个教学内容，由不同的教师执教，其他教师运用比较的方法，分析各自的优点和不足，实现取长补短、共同发展的教研方式。诊断式教研是指在教学研究中，以每个教师的课堂教学为研究载体，通过分析，判别教师在设计及实施教学过程中的优劣，实现做课教师自身和参与诊断教师互动提高的一种教研方式。此外对话式、联合式、分片式等形式也都为教师主体创造潜力的发挥提供了有效的途径。教师的创造潜能，正是在这样的教科研环境中得以生发。

事实证明，新课程对每位教师来说，都是一项新挑战，教师在新课程中所体现出来的专业水平和实际表现已预示着自己生存和发展的前景。

新课程对每位教师来说，又是很好的发展机遇。新课程、新教材、新要求为各类教师提供了平等的发展平台。在课程改革的大潮中，只要我们善于学习，勤于用脑，努力争做创新型教师，那么，天天都可能是创新之时，人人都可能成为创新之人。只要善于抓住机遇，每位教师的潜能都能得以彰显。

## 四、整合信息，不断创新

新课程要求教师必须具有创造性的获取、加工和输出信息的能力，要"见微知著"，发现普通人不注意的容易忽略的问题，这就要有敏锐的洞察力和提炼精华的意念。

### （一）教师信息素养

教师的信息能力是指对信息的获取、理解、分析、加工、处理、创造、传递的理解和活用能力。其内在结构有三个层次，第一层次：驾驭信息的能力。高效获取信息的能力，熟练性、批判性地评价信息的能力，有效地吸收、存储、快速提取信息的能力，运用多媒体形式表达信息、创造性使用信息的能力。第二层次：运用信息技术的高效学习与交流的能力，将以上一整套驾驭信息的能力转化为自主、高效地学习与交流的能力。第三层次：信息时代公民的人格素养，培养和提高信息时代公民的道德、情感，法律意识与社会责任。三个层次合在一起就构成教师的信息素养。

### （二）收集、分析和利用信息是学习活动的主线

学习最终的结论和成果不是凭空得出的，它需要加工的原料，学习的原料就是各种信息。由此可见，学习就要熟练运用各种方法工具获取所需要的信息，通过复杂的思维活动来分析处理信息，并运用高超的智慧综合的能力重新组织信息，从而获得解决问题的新意和创意，也可以说，学习的全过程始终贯穿收集、分析和利用信息。

（三）敏锐的洞察力是捕捉信息的基础

当今的社会，是一个信息化的社会，各种各样的信息瞬息万变、错综复杂，而敏锐的洞察力是捕捉信息的基础。教师拥有政治、经济、社会、人文基本专业的素养和对信息独特的感受能力才能有敏锐的洞察力。教师捕捉信息能力的提升，才能及时准确地处理信息。也可以说，没有捕捉信息的能力，就不可能有创新的意识和创新的动力。

（四）独具慧眼提炼精华

信息的整合与提炼，需要教师对来自各方面的信息进行筛选、吸纳、整合。筛选，是将所获得的大量信息，在系统化的基础上，加以鉴别，筛选就是辨别；吸纳，就是在鉴别的基础上，去粗取精、去伪存真，将真谛与精华为我所用；整合，就是寻找不同事物之间的普遍联系，这样才能提炼精华。平日里我们常常看到有的教师很用功，掌握了大量资料，但是这些资料在他们口中、笔下却是杂乱无章的，更没有从中提出自己的见解。而有的教师却能够根据看起来很平常的资料提出属于自己的深刻思想，并且叙述清晰。造成这种区别的原因是这样的教师不能慧眼独具，缺乏对信息的筛选、吸纳，对资源整合、提炼精华的能力。

## 第四节　终身学习，是教师创新的不竭动力

我们生活在学习的革命化、社会化、终身化的社会，走

进信息高速公路，学习将成为人们唯一持久的竞争力。只有学习精彩，生命才会精彩；只有学习成功，生命才会成功。著名未来学家阿尔文·托夫勒说："面对以几何速度不断翻新的信息洪流，一个希望获得成功的人，应该具备的素质不再是他已经掌握了多少知识，而是他能否用最短的时间、最高的效率学习最新知识的能力。"美国学者彼得·圣洁在《第五项修炼》一书中写到："未来唯一持久的优势，是有能力比你的竞争对手学习得更快。"

## 一、教师创新学习的特点

教师学习是主体建构性学习，是主体自主性学习，是平等民主教学关系下的学习。教学经验是教师学习的重要资源，教师学习是知行结合、即刻应用的学习，教师的学习风格与策略是深入性的学习，学习结果是顿悟类问题。

### （一）学习，奠定教师事业发展的基础

教学在提升学生生命品质的同时提升教师生命品质，研究使教师具备学术眼光，工作和学习伴随着智慧。中学特级教师任勇致力于中学数学学习指导研究，取得了骄人的业绩，曾阐述自己学习观为："主动地学，用心地学、创新地学、做学习的有心人。"还告诉我们要善于抓住每一个时机和场所，"向同行学、向学生学、向报刊书籍学、进修学习、课题学习、学术学习、追踪学习、阶段重点学习、网上学习、传播学习、参观学习"。教师要善于通过多种渠道广泛获取信息，尤其是相关学科及教育教改

前沿理论，不断充实自己，使自身素质得以提升，以适应不断发展的时代的需求和学生的需要。随着多媒体和网络技术应用于学校教育，教师已不再是"讲坛上的圣人"，不再是"先学先知"之师和信息权威拥有者甚至唯一的传播者。以往，人们通常对教师的知识占有量的要求是：欲给学生一杯水，教师要有一桶水。然而，时至今日，随着多种信息渠道的介入，学生对教师的知识要求已不再是单纯的"一桶水"的量的要求，还对"水"的质和存在状态提出了要求，即应是"活水"、"泉水"，而且水质好、新鲜、有营养，是有价值的"水"，教师自己就要努力开出"一眼泉"。

（二）教师学习是以问题为中心的行动学习

以问题为中心的学习（案例形式的问题中心学习、问题为本的学习），是真情实境的学习，是行动中的学习（为自己的教学实践进行学习，针对自己的教学问题进行学习，在教学过程进行学习，反思自我经验是行动学习的关键，自己的教学实践成为一种学习资源，教学过程成为学习过程的主要载体和主要过程），行动学习处于教师学习的核心地位。教师还要务必树立实践科研的意识，清醒地意识到自身不是教育教学科研的旁观者，而是要在自己的教育教学实践中开展行动研究工作。要通过自己的一个科学研究过程来发现，研究，解决教育教学中的问题。在长年累月的实践、研究、反思中达到炉火纯青的境界。总之，教师的创新学习必须是积极主动参与的建构性学习，是建立在原有的、积极的知识积累和实践经验基础上，有明确的目标指导，以自我监控、自我测试、自我检查的积极诊断性与反思性方式进行的学习活动。教师在其中逐渐具有收集处理信息的能力，获取新知识的能力，分析和解决问题的能力，语言文字表达能力以及团结协作和社会活动的能力。

## 二、教师创新学习的方式

教师的创新学习，是以教师学习理论为基础的学习。它彻底摆脱了传统观念的束缚，经不断探索和实践，形成了以下几种有效的方式：

（一）研究性学习

教师学习是研究性学习，是基于经验的研究性学习。在新课程背景下，"教师即研究者"已经成为时代对每一位教师的起码要求。教师只有把自己定位在研究者上，才能成为教学改革的积极参与者和主动适应者。每一位教师都有能力对自己的教学行为加以反思，研究与改进，提出最贴切的改进意见。教师只有对自己在课堂上的行为进行研究，才能够了解自己在课堂上做了什么，学生们在想什么，自己的行为对学生的学习有什么影响等。通过参与研究，有利于教师改进自己的教学工作，提出切实可行的教育改革方案。事实上，对许多教师来说，并非没有研究，而是在研究之后缺乏"成果意识"，未能对研究进行理论化的工作。很多教师呕心沥血，一生积累了丰富的经验，却未能写成一篇像样的论文，无疑是非常遗憾的。

1. 研究性学习要以问题为载体，研究问题，解决问题。

从教育的时代特征来看，研究性学习无疑是信息时代占主导地位的学习方式。教师要成为一名真正的教育者，就必须自身不断充实，丰富，完善主观世界，因此，教师要有善于捕捉、组织各种信息和判断各种信息价值的能力；要有善于认识自己的各种需求、思路品质、策略、态度的能力；要有对自己工作学习的反思能力，以及根据反思的结果自觉进行自我调控的能力。教师不仅要能解决常规问题和完成常规工作，更要能在变迁与复杂的教育世界中进行独立思考，独立判断，并找寻出最佳的教育教学行动策略与行动方案。

2. 研究性学习要具备进行分析和研究的条件。

研究性学习是教师要对教育实践中遇到的各种情况和问题进行分析和研究，因此要具备思想条件、能力条件和环境条件。思想条件：树立正确的价值观，具有强烈的事业心和责任感，敬业爱生，教书育人，为教育事业乐于奉献，因为研究性学习需艰苦和细致的付出。同时要不断更新教育观念，在实践中体现现代人才观、质量观和以人为本的教育理念。能力条件：掌握一定的现代教育理论，对现代社会及其教育的基本特征，现代教育的目标任务、方法和手段等有明确的认识。还要具有较强的教育教学研究能力，善于在教育教学实践中发现问题，分析问题，在科学理论指导下针对问题进行实验研究，并善于把研究实践中获得的感性认识总结上升为理性认识，把握一般规律，用以指导教育教学实践活动，求得提高教育教学质量的实际效益。具有较强的创新意识，能通过各种信息传播手段广泛获取现代教育教学信息和教育教学改革经验，并善于结合教育教学实际，创造性地加以运用，博采众长，形成特色。环境条件：要有一个在研究状态下工作，在工作状态下研究的局面。也就是要真正实现学习工作化，工作学习化，学习工作化能使学校不断创新发展，工作学习化能使教师活出生命的意义。

3. 教师研究性学习可分为以下几个步骤：

第一步，找到研究的起点。教师可以根据自身的兴趣，通过自己的观察思考，发现实际工作中存在的尚待解决的重要问题，也可以从教学中的一种不明情况出发，确定所要研究的问题，找到研究的起点。第二步，围绕问题进行资料收集，查找有关文献，了解该领域的研究情况，避免重复研究。第三步，从理论与实践两个方面对选定的问题进行科学性、价值性、创新性和可行性的论证。第四步，制定课题研究实施方案（或课题研究计划）。第五步，实施研究方案，并不断修改，调整研究计划。第六步，总结研究成果，撰写研究报告。

4. 教师研究性学习能力的提升

教师较强的研究意识和研究性学习能力是在教育实践中不断地发现问题，提出问题，分析问题，解决问题，并能自觉地运用所学的先进教育思想和方法指导实践，提高教育效率的过程。教师要带着问题去学习，去教学，去反思，去总结，去提高。只有把先进的教育理念转化为教师自身的教学行为，并在教学过程中加以体现，才是研究性学习的主旨所在。而教师研究性学习能力的提升，一是学中研，研中学。向书本学，向同行学，从自己实践中学。在学习的同时重在领悟，重在内化。二是教中研，研中教。边教学边研究，边研究边教学。重在提高自己的教学认识和教学经验。三是说中研，研中说。说课，评课，点评，答辩。通过各种机会，不同形式的表述，使自己的感性认识上升为理性认识。使教学行为更自觉、更清醒。四是写中研，研中写。写教案，写个案分析，写读书札记，写教学随感，写阶段总结，写专题论文，写研究报告等等。通过写，使自己拥有丰富的积累，使自己的经验及思想趋于系统化、理性化，将研究性学习成果转化为教学常态。

（二）反思性学习

教师学习是反思性的经验学习（反思的视角：回顾教师作为学生自我经历来反思，通过榜样教师来反思，通过教师对自己的教学的回顾来反思，通过学生的眼睛来反思，通过邀请同事、专家观察研究教师教学来反思，通过阅读理论文献来反思，通过家长对学生发展的意见来反思），反思是教师学习的关键。反思性学习是教师专业发展过程中必不可少的环节，是教师创新学习的有效方法。反思性学习不仅仅是对教学实践的一般性回顾，而且是深究其中所涉及的知识、策略、效果等，具有探求研究的性质。它对教师提高理论素养、提高教育教学能力、提高专业化水平具有不可替代的作用。

年近50岁的北京丰台一小的阎淑霞老师，教了几十年的音乐课，却从未接触过教育科研。她在教师发展学校的学习中，得到了教授的指导，从而思想观念发生了根本变化，开始重新审视和反思自己的教学工作。她把一次课堂上一个女学生勇敢地扮演大灰狼的事，写成《乖乖女与大灰狼》的案例，引发了同行间对教育认识和教学方式的热烈讨论及深入研究。阎老师一改以往对学生的态度，放下教师的架子，走到学生中间，研究他们的所想所思。

"老师，我们不愿上一个模式的音乐课，想上经常变化的音乐课。""老师我们的课能不能分成几个栏目呀，像电视节目一样？"孩子们向阎老师敞开了心扉，他们发自内心的呼唤，触动了阎老师。心动不如行动，阎老师难以抑制内心的创作冲动，发挥集体的智慧，根据音乐课教学内容确定了四个教学板块：音乐大舞台，七色魔方，音乐大擂台，走进音乐厅。新的教学模式受到学生的欢迎，极大地调动了他们的积极性。一位学生家长对老师说："现在的音乐课蛮有意思，孩子回到家里一张嘴就谈音乐课的事。"

在教授的帮助下，阎老师开始把自己的个体研究转向组内研究，将板块式教学推广到各个年级以及各种可行的音乐课教学中。教师们纷纷行动起来，课堂教学中出现了有趣的音乐游戏、动感表演、创编等音乐实践活动，学科综合、多元文化等新的教学理念，也在教学中相继出现，成为北京丰台一小音乐教学的一大特色。

教师的反思性学习总是处于特定的情境之中，并指向特定的内容。反思是一种研究，是促进教师行动研究不可缺少的必要环节。因为教师教育思想、教育观念的转变，会直接影响到教师的教育行为，影响到教师对学生的教育态度，态度决定教育效果。反思的直接结果或是对课程、教材、学生等的更深层次的理解，或是改变教学过程中的价值判断，或是改善自身的情绪。经过类似多次的循环往复，教师将从中学会教学和学习，教师的定位就会发生变化，从职业教师向研究型、学者型的教师转变，实现专业化的发展目标。

（三）案例性学习

教育案例是对教育实践中发生的一个包含有疑难情境或某些决策行为的真实描述。它通过一段引人入胜的生动故事，向大家提供具体的背景、人物、场合、事件与后果，引发人们的反思。在形式上案例可以是学生学习的有趣故事，也可以是教育实践中遇到的突发事件或困惑的记录，还可以是师生交往的曲折经历。一个好的案例往往代表一类典型事件，蕴含着深刻的教育理念与教学技能，有利于促使教师分析、反思。案例学习就是通过生动故事的呈现和描述，激发教师参与学习的兴趣，从而进行多方面的研究和分析，来理解和提炼有关的教育理念。

案例学习在教师的专业成长中有着特殊的作用，教师有着丰富的实践经验，经历了许多教育故事，有些事情若不去整理和研究，过后便烟消云散，而稍加关注，并作剖析，就可以从中提炼出某些共性的、规律性的东西。教师把这些典型事例转化为教学案例的过程，就是一个重新认识这个事例，整理自己教育思维的过程。它可以促使教师对自身实践反思，从而提升教育水平和科研能力。案例学习，也可以说是向实践学习，向自己和他人的经验学习，以求得理论的检验和深化，从而更好地找到理论和实践的结合点，更为有效地学习理论和推进教学改革，促进教师的专业成长。

通过案例学习，使教师对教学实践以及他人的实例进行"解读"和反思，总结经验教训，分享他人成长的经验和规律，积累反思的素材，并提炼出有效的教育行为及其理论依据，可以说，案例学习是解决教学问题的源泉。

案例学习一般采取分析案例、角色转换、情境模拟和开放式探究方式，促使教师业务素质和多方面能力的提升，实现从教学经验到教学理论的升华，促进教师理论素养的提高。

案例学习分三个层次：第一层次，收集、整理实践素材（自己或他人的）形成案例，这是对所有教师的要求；第二层次，经过分析研究，提炼出有价值的东西，并有所感悟，这就是反思；第三层次，进一步把相关案例串联起来进行剖析，举一反三，升华为自己富有个性的理论。

（四）合作式学习

教师的合作学习，是指教师之间，教师与学生，教师与走进学校的教学研究者、专家之间的相互学习与研究活动以及教师走进社区的实践活动。合作学习有利于保持教师间和谐的人际关系，有利于提高教育教学效益，有利于弥补各自的缺陷，积蓄能量，有利于教师个人事业的成功，也有利于造就学生完美的人格。合作学习要求教师要具有合作意识，树立"双赢"思维，强化全局观念，还要力戒肤浅的合作、顺从的合作、人为的合作、诱骗的合作，教师要学会学习和吸纳他人的意见和见解，要学会善于彼此倾听对方的想法，要学会善于深入思考，要学会分享和容忍不同的观点和观念，相互以诚相待，不吹毛求疵。合作学习应贯穿教师学习的始终，合作是行动的支持，是反思的一个视角。

在传统教育中，教师职业的一大特点是单兵作战，各科教师就像铁路警察一样各管一段。教师习惯于以学科为中心实施教学，各自为战，习惯于更多地关注自治和个人发展，致使各学科形成教学壁垒，处于封闭状态，缺少必要的联系、沟通与合作，教学中的所有问题都靠自己扛。而这次课程改革就要打破这一局面，强调课堂教学的综合性、开放性、发展性、创新性，要求将教师之间的合作与互动作为教学的前导性因素纳入教学系统，促使教师与更多的人，在更大的空间，用更加平等的方式进行工作，具有大教学观、大课堂观，与相同学科和不同学科的教师建立积极的合作伙伴关系，实行跨学科、跨年级、跨时空的"横向合作"和"纵向合作"。教师与学生的合作，与学生家长的合作，与教育管理者的合作，与专家、学者的合作，与研究室、实验室、图书室、资料室等相关教学辅助人员的合作，与社区教育力量的合作等等，相互切磋，砥砺思想，形成民主协商，平等对话，达成多边互动，多向交流，使现代教育教学资源和人力资源得到有效开发，整合和利用，使教师在动态生成课程、生成课堂教学的过程中不断地获取信息、处理信息、应用信息，从而实现教师与学生合作发展、共同进步的理想目标。可以说，教师间的合作，相互学习，分享经验，有利于发挥教师的整体优势，减轻教师不必要的负担，提高工作效率。教师的群体智慧可以加速教师个体创新能力的提升，是教师教育成功的一个最基本的要素。

为此，必须要充分发挥教师的集体智慧，大力挖掘当时当地的教育资源来"为我所用"。所以，教师必须保持积极的心态，强化合作意识，即不但教师之间要能相互合作，而且要能善于调动家长及各种社会力量来为学校的教育教学服务。教师之间要加强专业切磋、协调与合作，互相学习，彼此支持，共同分享经验，形成强有力的教师团队精神。学校要建立机制，为教师之间进行信息交流、经验分享、专题讨论和专业论坛提供平台，倡导科学精神和实事求是的态度，营造求真、务实、严谨的教研氛围。课程改革带动了教师工作方式的改变，走出封闭的教室，打破学科壁垒，与其他学科教师相互沟通学习，共同研究解决教学中的问题，在观念的碰撞与交流中达成新的共识，在实践与摸索中找到解决问题的途径。教师之间的广泛合作、交流是提高教学能力最有效的方式，并推动教师队伍整体专业发展和成长。

## 三、教师创新学习的构建

教师即高级学习者与研究者，教师的专业发展是一种"自我引导"的结果。因此，教师始终是一个持续的学习者，要具有对自己的教育行为不断加以思索、研究、改进的能力。课程改革要求教师要有足够的知识储备，在专业知识领域中有深度，在百科知识领域里有广度，在教育教学领域有力度，要求教师树立终生学习的意识，在原有的知识及专业基础上构建多维立体的知识结构和科学的理论框架，做到高瞻远瞩，深谋远虑，博观而约取，厚积而薄发。因为终身学习不仅是教师提高自己生活质量的重要前提，而且是教师晚年幸福、完美人生的重要保证。一个没有终身学习意识、不会学习、不善于学习的教师随时都将面临下岗的尴尬和危险。从准教师、合格教师、胜任教师、骨干教师到专家教师的成长过程都离不开学习。可见，学习伴随教师的一生，也只有学习才能支撑每个教育者的生命，提升人生品位。而建立学习型学校，才可促进教师专业创新和发展。

哈尔滨市南马路小学在这一方面为我们提供了鲜活的经验。

"让读书成为习惯"是哈尔滨市南马路小学构建学习化校园的理念，也正形成一种优良的校风。"学习是一种环境，学习是一种对话，学习是一种问题意识，学习是一种批判思维"，这是学校教师在积极开展国家级科研课题《构建学习化校园行动研究》中对学习理念的感悟。南马路小学由于地理位置所限，学校基础条件差，师资水平比较低，为了提升学校教育水平和教师素质，1994年起，校长赵翠娟着手成立了青年教师教育理论研究会。10年来，教师们经历了实现个人学习、发展团队学习和打造学习型组织的三个阶段。

教师的个人学习，有了读书的美好体验后，学校及时运用激励策略，校长真诚地夸赞教师，并为教师提供展示的空间，学校开设"教师论坛"，编辑教育理论研究会会刊《八面来风》，让教师一吐读书的乐趣，发表学习的见解。学校对会刊和教师写的"感悟千字文"定期评点，展示优秀的文章。学校还创造各种条件，让教师走出去，把专家请进来。在广泛的接触中，教师的眼界开阔了，将由于时间推移形成的教师间的差异危机感变成促进学校每个成员不断学习和创造的动力。两年的学习，教师个人学习进入佳境，读书学习成为学校的一种风气，求索进取的态势在每个人的身上呈现出来，整个学校成为一个和谐一致的学习集体。

学校领导十分清楚：学习型学校必须实现团队学习，这样才能取得更高层次上的共识，取其精华，集思广益，激发出高于个人努力的群体智慧。学校采取的方式是"深度汇谈"，即全体教师在一起就某一个问题，各抒己见，展开辩论的研讨活动。这样使组织中的每一个人都谈出心中的想法，达到集体思考，在思想交锋中碰撞出新思维的火花，将教师的读书一步步引向深入，从而进一步提高教师的读书质量，也消除了"个人习惯性防卫"和"伙伴关系难以确定"等消极影响。团队学习的成熟在于学校调动成员的参与热情，"深度汇报"使教师在交流和倾听中不断得到高于个人智慧的共识。

个人学习成为习惯，团队学习日趋成熟时，学校集体进入"边学习，边工作，边研究"的状态，教师已经不能把学习和工作分割开，而使用学习驱动策划与实施，用学习驱动反思与总结，精心打造学习型组织。学校成立"红杉林"的专门学习组织机构，由8名优秀的年轻干部和教师组成常设办公室，负责整理归纳教师的共识，征集教师的建议，对学校工作进行系统思考，全面策划。"红杉林"下设9个课题组，每个课题组都从问题入手，确定研究目标。各课题组的工作无须学校布置，全体成员在充分学习的前提下，共同设计，分别实施。学校形成一个开放的系统，一个有机的生命体，从而不断加速教师的自我成长和发展的变革，学校也伴随着教师的成长有了跨越式的发展。

总之，对于教师来说，未来的生活是学习的生活，未来的学习是生活中的学习，要创造未来崭新的生活，就得不断创新，学习是创新的前提。